손영순
강신규

사라짐 ‖ 드러남

소소21

사라짐 ∥ 드러남

손영순 · 강신규

1판 1쇄 인쇄/ 2025년 6월 25일
1판 1쇄 발행/ 2025년 6월 30일

지은이 / 손영순
펴낸이 / 우희정
펴낸곳 / 도서출판 소소리

등록 / 제300-2007-21호
주소 03073 서울 종로구 성균관로5길 39-16
전화 / 765-5663, 010-4265-5663
e-mail: sosori39@hanmail.net
www.sosori.net

값 13,000원

*잘못된 책은 바꿔드립니다.

ISBN 979-11-5891-219-2   03810

손영순
강신규

사라짐 ‖ 드러남

소소21

책을 내면서

함께하다

    20년 전 첫 수필집을 낼 때는 내 감정에 도취되어 독자들을 염두에 두지 못했다. 평범하고 뻔한 이야기들로 여운을 남기지 못한 것 같아 다음부터는 다른 세대의 글과 함께하여 지루함을 덜고 싶었다.
    두 번째 문집은 어머니의 솔직하고 진솔한 글들과 함께했다. 어머니는 방바닥에 엎디어 단숨에 백지를 채우며 꾸밈 없이 당신의 마음을 고스란히 담아내셨다. 글쓰기가 나태해질 때마다 어머니 모습은 내 삶의 본보기가 되었다.
    세 번째는 사춘기를 맞은 손녀와 함께했다. 노년의 권태기가 참신한 새순들에게 오염될까 봐 조심스러웠지만 한편으로는 무심한 내 가슴에 '우주의 만물 모두가 스승'임을 일깨워주었다.

올해 여든을 맞으면서 아들과 함께 네 번째 문집을 선보인다. 아들의 글은 다소 낯설지만 지루한 어미의 글에 일침을 가하며 긴 여운을 남긴다. 슬픈 이야기 뒤에도 가슴이 따뜻해지고, 속 깊은 글들은 무딘 어미의 가슴을 울린다.

 한 권의 책이 세상 밖으로 나오기까지 도움을 준 분들에게 새삼 고마움을 전한다.

2025년 초여름에

손영순

▷ 차 례

▷ 책을 내면서

손영순

세상의 끝을 너와 함께 —·12
나도 고마웠소 —·16
지도 —·20
꿈길 —·24
만남과 이별 —·29
미안해요 —·33
몽골 가다 —·36
유엔기념공원 —·40
부산 나들이 —·43
어머니의 묵주 —·47
봄바람이 분다 —·52
공작산과 선생님 —·57

시월의 마지막 날 —·60
어머니의 하루 —·63
하늘과 별과 모래 —·67
수를 놓는 마음 —·71
기일 풍경 —·74

강신규

슬픈 시래깃국 —·78
둘째 삼촌 기억 —·80
할머니 —·85
어머니 —·89
외할아버지 —·90
2025년 4월 18일~20일 —·92
마지막 드라이브 샷 —·94
개 이야기 —·95

강윤민의 글 —·98
읽지 못한 편지 —·100
잊을 수 없는 기억 —·102
외할머니·1 —·106
외할머니·2 —·108
닭 한 마리 —·109
헌 혈 —·110
한 일(一) —·112
가출 —·114
아들에게 —·115
내가 죽어 누워 있을 때 —·116
사랑에 대해서 —·118
희랍어 시간 —·119
스토너 —·120
성역 —·122
해가 죽던 날 —·123
꽃 파는 처녀 —·124

퍼펙트 데이즈(Perfect Days) —·126
눈물 나는 영화 —·128
키스 자렛 —·130
희생 —·132
고향(Home) —·134
강렬한 샤콘느 —·135
코드가 맞다 —·136
말하지 않기 —·137
닿다/대다 —·138
나의 팬 —·139
2024년 12월 31일 —·140
부음 —·142
비 내린 거리 —·143
필름 같은 마음 —·144
쌍커풀 수술 —·145
바게트 —·146
노래는 슬프다 —·147

추락한 천사(Fallen Angel) —·148
가정 식당 —·150
루앙 성당 —·152

강민석

파랑의 위로 —·154
외로움에 대처하는 방법 —·155
아버지의 아버지가 아버지에게 —·156
나무 일기 —·158
졸업 —·159
5일차 점심시간 —·161

강신규 ‖ 후기 —·164

손영순

세상의 끝을 너와 함께

그가 요관암 수술 후 항암치료로 입원했다. 항암 준비로 조직 검사하면서 회진 온 의사가 내게 '한 달이 고비'라며 마음의 준비를 하라고 한다. 순간 온몸이 굳어지며 쓰러질 듯 머리가 핑 돌았다. 평생을 잔병치레 없이 건강했던 그의 몸에 암세포가 온몸에 퍼져 항암치료가 힘들다니 날벼락을 맞은 듯했다. 최선을 다해 보겠다며 돌아서는 의료진들이 허상으로 보였다. 나는 표정을 바꾸어 그에게 돌아와 항암치료를 꼭 이겨내자며 기분 전환으로 말끔히 면도를 해주었다. 매일 아침 경쾌한 면도기 돌아가는 소리로 하루를 맞이했는데 한순간 힘을 잃은 듯 서글피 울린다.

동생들이 교대로 보낸 보양식을 먹으며 항암치료를 시작했지만 조금씩 자신의 몸에 붉은 신호를 직감한 듯 그는 말을 아꼈다. 친지들의 안부 전화에는 잘 견디고 있다지만 그는 하루하루 식욕을 잃고 체온과 당수치가 올랐다. 소변양도 줄고 복수가 차더니 입원 한 달 만에 그는 말문을 닫았다. 코로나로 모든 종교 행사가 중단되어 어렵게 원목 신부님께 종부 성사를 받은 남편은 마음이 편안한 듯 잠이 들었다.

그날 밤 그의 손을 잡고 묵주기도를 드리다가 깜빡 잠든 사이에 그가 내게 미소를 지으며 허공으로 멀어져가며 손을 흔든다. 평소에 좋아했던 베이지색 바지에 청색 콤비로 말쑥하게 차려입은 차림이다. 깜짝 놀라 깨어보니 새벽 5시. 그는 깊은 숨을 쉬다가 삶의 마침표를 찍는다.

나는 따뜻한 그의 손을 잡고 바보처럼 생전에 가슴에만 두었던 '사랑한다', '고마웠다'는 말만 반복했다. 반세기를 내 곁을 지켜준 그의 마음을 온전히 이해 못한 나의 허물들은 모두 묻어 달라고 했다. 기도로 버티었던 묵주를 그의 손에 쥐어주었다. 그가 놀랄까 봐 울음을 삼킬수록 뜨거운 눈물은 가슴으로 흘러내렸다.

손자 초등학교 졸업 때 함께한 사진을 모자이크 해 영정으로 모셨다. 그는 근엄한 미소에 베레모, 목도리를 두른 한겨울 차림으로 삼복더위에 문상객들을 맞이했다. 누구나 가는 길을 영원히 살 것처럼 죽음을 먼 훗날로 여기다가 그와 함께했던 세월은 물 흐르듯 스쳐가 버렸다.

 건강했던 그의 부고를 받고 믿을 수 없다며 노구의 친구들은 향을 피우며 눈시울을 붉힌다. 비상상태로 문상을 삼가 하는 때지만 함께한 시간이 길었던 배꼽 친구들은 세월만큼 아픔이 깊은 듯 자리를 떠나지 못한다. 친지들도 다정했던 그를 그리며 영안실을 지켜주니 떠난 그의 빈자리가 더 넓고 깊었다.

 팔십 년 동안 건장했던 몸이 한 줌의 재로 선산 부모님 곁에 잠들었다. 편히 쉬라며 하직 인사 후 돌아서는 순간 내 몸은 휘청거렸다. 밥상에 앉아도 곧 내 옆에 앉을 듯 기다려지고, 잠자리에 들 때도 한쪽 팔을 잃은 듯 허전하며, 차를 타도 그의 빈자리는 크기만 했다. 이별식은 끝났지만 그가 곧 돌아올 것 같은 환상에 시시때때로 눈시울이 붉어진다. 내가 이 세상을 떠날 때까지 내 가슴에 머물며 나를 울리고 웃게도 하려나.

 비가 온다는 칠월칠석날이 삼우제와 겹쳐 이슬비가 내린다. 그의 묘에 잔디가 단비로 자리를 잡은 듯 파릇하다. 그에게 가을맞이 국화꽃을 놓고 좋아했던 따뜻한 커피 한잔을 올렸다. 그도 편히 잘 가라는 듯 비가 멈춘 맑은 하늘에 흰 구름이 돌아서는 발걸음을 위로한다.

 그날 밤 꿈에 그가 보낸 편지를 받았다. 석 장의 편지지 첫 문단에 '고맙소'라는 글자만 또렷하다. 나머지는 천국의 글씨인지 알아볼 수 없지만 내게 하고 싶은 많은 말들을 급히 적어 보낸 듯 반가웠다. 반백년 동안 내 곁을 지켜주었던 그가 가서도 걱정되었나 보다. 아이들을 위해서도 주저앉지 말고, 친지들 앞에서도 밝게 일어서라며 응원해준 것일까? 백수이신 장모님보다 앞서 간 그의 미안한 마음도 담겼으리라.

천국에 간 그의 영혼을 편히 쉬게 해야겠다. 외출했다가 돌아오면 반겨주던 님이 보이지 않아도, 종일 있어도 말 한마디 건넬 수 없어 수시로 젖어 드는 눈물도 그를 위해 거두리라.

영정 속에서 다정함이 가득한 눈빛으로 그가 내게 속삭인다.
"여보! 우리 잘 살았소. 지나고 보니 모두 행복이었소."

나도 고마웠소

여보!

이웃집 다녀오듯 천상으로 떠난 뒤 꿈길로 보내온 당신의 편지를 잘 받았습니다. '고맙소'라는 첫마디만 낯익은 필체지만 나머지 석 장의 긴 글은 하늘나라 글자인지 해독할 수 없었어요. 아마 내가 당신의 마음을 이해할 것이라 믿고 보냈겠지요. 그래요, 반세기를 함께하면서 눈물과 웃음으로 쌓인 정들이 따뜻하게 전해졌어요.

그동안 먼저 가신 부모님도 뵙고, 앞서간 친구들도 만나 잘 지내고 있는지요? 당신과 이별 후 나는 다리가 후들거리고 불현듯 흘러내리는 눈물로 잠을 설칠 때 꿈속에서 읽은 당신의 편지는 큰 위로가 되었어요. 아이들이 자주 와서 함께하고, 친지들의 위로로 불현듯 찾아 드는 외로움은 견디고 있습니다.

하지만 바람 앞의 촛불처럼 연약한 아내에게 늘 버팀목이 되어 준 당신이 하늘나라에서도 걱정이 되었나 봅니다.

온실 속의 화초처럼 세상물정 모르는 철부지 아내와 살면서 밥상머리에서 생선 가시를 발라주던 자상함과 음식을 가릴 때는 근엄함으로 묵묵히 내 곁을 지켜준 당신. 미식가인 당신과 곳곳의 맛집을 찾아다녔는데 이제 먼저 떠나면서 내게 홀로서기에 일침을 가하는군요.

외식할 때 맛난 음식을 만나면 내 몫을 챙겨오는 따뜻한 손길. 쇼핑하다가 마음에 드는 옷이 눈에 띄면 입어보라지만 나이와 몸매에 어울리지 않아 돌아서면 아쉬워하던 당신의 표정. 간혹 내게 어울리는 옷을 만나면 가격에 상관없이 사라는 그 말들이 그립습니다.

지난봄, 내게 수필집을 내라며 당신의 비상금을 내밀 때만 해도 마냥 좋아만 했는데 그것이 마지막이 될 줄 몰랐네요. 책이 나오니 나보다 더 반기면서 무거운 책을 모임마다 가져가 나누어 주었지요. 사실 부끄러웠지만 더 열심히 써야겠다는 책임을 느꼈습니다.

퇴직 후에도 함께했던 직원들과 변함없이 서로 위로해 주는 끈끈한 정들이 아픔이 되었네요. 외로울 때 힘이 되어준 당신이 떠난 소식을 믿지 못하겠다며 혼자 낯선 선산의 산소를 찾

아가서 당신과 술 한 잔 나누고 왔다는 분도 계세요

한 달 동안 사경을 헤매면서도 간호사들의 간식을 잊지 마라는 당신의 따뜻한 마음. 영안실이 없어 입원실을 떠날 때 '수고했다'고 내가 대신 인사를 전하니 간호사들이 당신의 영전에 말없이 명복을 빌어 주었어요. 끝까지 오고 가는 정으로 살아온 당신. 저세상 가서도 잘 지내리라 믿습니다.

매일 '좋은 아침'이라며 미소로 새날을 맞이하던 집안이 조용하기만 합니다. 하지만 새벽 미사로 힘을 얻고 당신의 영정 앞에서 성가를 부르며 용기를 내어봅니다. 내가 기분 좋을 때 당신을 바라보면 멋쩍은 듯 살짝 미소를 보이지만, 울적한 마음으로 눈물을 보이면 근엄하게 바라보는 것 같은 당신 표정. 우는 모습 싫어하는 것 알지만 참을 수 없을 때는 당신에게 응석이라도 부리고 싶네요.

당신이 가신 뒤 첫 추석을 맞이합니다. 보름달의 기를 담은 송편과 갈비찜과 녹두전을 준비합니다. 자손을 이어간다는 밤, 자손들이 번성한다는 대추, 세대 간의 교감을 나누라는 곶감과 과일들을 놓고 영정 옆에 촛불을 밝힙니다. 큰아범이 향을 피우고 술잔 올린 뒤 모두 큰절을 드립니다. 손자의 사회로 기도와 성가를 부른 뒤 식구들이 명절의 밝은 마음으로 서로 손을 맞잡고 건강을 빌었어요. 처음으로 가톨릭의식으로 차례를 지내니 하늘과

땅의 만남인 듯 마음이 안정되었어요.

당신 품에 안기던 손주들이 넉넉한 할아버지의 품이 생각나는 듯 왠지 힘이 없어 보입니다. 내가 대신 안아주려 했지만 오히려 훌쩍 자란 손주들 품에 안기게 되었어요. 식구들과 형제들이 집안 가득 모였지만 당신의 빈자리는 여전히 크기만 합니다.

당신이 남긴 비상금으로 네 손주들 대학 입학금을 주고 싶다는 약속을 잊지 않겠습니다. 손주들의 밝은 미래를 위해 할아버지가 축하해주면 손주들도 힘이 나겠지요.

이제 지난날들은 모두 가슴에 묻고 남은 세월은 새롭게 일어나겠습니다.

'여보! 고맙소.'

'네, 나도 고마웠소.'

지도
- 박범신 『고산자』

    70년대 한창 개발 붐이 일던 때 곳곳에 아파트들이 들어섰다. 위치 좋은 대단지 아파트 입주권은 복권 당첨만큼 부러웠다. 나도 분양받고 싶다고 했지만 남편은 못 들은 척했다. 그래도 주택보다 편리하고 세련돼 보이는 아파트가 탐이나 몇 곳을 기웃거리다가 겨우 한곳에 예비당첨 되었다. 그때는 웃돈을 높이 쓴 순서대로 입주자격이 주어졌으니 예비당첨은 제일 낮은 액수로 입주할 수 있는 행운이었다.
    그에게 기쁜 소식 전했지만 답답한 아파트가 싫다며 단독주택을 원했다. 결국 포기하고 낡은 주택에 살면서 수시로 수리를 했지만 헌 옷에 새 천을 댄 듯 흡족하지 못했다. 곳곳에 아파트가 들어설 때마다 남편이 현장감독으로 휴일도 없이 이리

저리 뛰고 있으니 언젠가는 새 아파트에 입주할 기회가 있으리라 은근히 기대를 했지만 세월만 흘렀다.

허허벌판에 높은 건물을 세우는 건축현장은 피를 말리는 곳이다. 땅을 파고 지반을 다지는 일은 인부들의 땀방울과 위험이 따른다. 또한 수많은 기계들과 자재들이 차질 없이 움직이고 정확해야 하는 곳이니 건물이 완공될 때까지 총감독을 해야 하는 그는 잠시도 마음 놓을 수 없이 긴장한다. 자칫 방심하면 큰 사고가 발생할 수 있는 현장은 늘 비상 상태다. 뿐만 아니라 건물주부터 각 분야의 기술자와 인부들까지 원만한 인간관계를 유지해야 하는 그의 마음은 솜틀처럼 부드러우면서도 때로는 강철같이 강해야 했다.

평생 그 시대로부터 따돌림을 당한 그는 고산자(孤山子)요, 나라가 독점한 지도를 백성에게 돌려주려고 자 하는 그 뜻이 높았으니 그는 고산자(高山子)요, 고요하고 자애로운 옛 산을 닮고 그 옛 산에 기대어 살고 싶어했으니, 스스로 고산자(古山子)라고 한 그의 이름이 김정호(金正浩)다.(서문)

박범신 『고산자』의 서문을 읽으며 그의 영정을 바라본다. 몇 십억 깔고 앉아 사는 것보다 불편해도 작은 단독주택에서 마음 편히 잘 살았다는 듯 빙긋이 웃는다. 노년에 고향 가서 살고 싶다더니 눈감은 후에야 낙동강이 바라보이는 고향 산, 부모님 곁에 갔다.

그도 많은 사람들 속에서 지냈지만 기댈 곳 없어 고독했으리라. 그러나 그의 손길이 담긴 건축물들이 곳곳에 남았으니 그의 꿈, 그가 추구한 삶의 흔적은 남아 있다고 믿는다. 이제 모든 것을 내려놓고 평생 그리워했던 고향산천에서 조상들에게 따뜻한 위로를 받고 있을까?

비록 옛사람 고산자와는 다른 삶이었지만 남편 또한 자신의 지도를 그리느라 그처럼 고군분투하지 않았나 싶다.

곁에 있을 때는 몰랐는데 떠나고 보니 선명해지는 것. 나는 '어디에서 살까' 헤매다가 '그와 어떻게 살까' 할 때를 놓쳐 버린 것 같다. 그 목소리와 눈빛, 어디로 갔나? 이제 닿을 수 없다. 하지만 그가 남긴 지도는 건축물뿐만 아니라 여기저기 눈길 주는 곳마다 흔적으로 남아있다.

바람은 어디에서 어떻게 생겨 어디로 흐르고 어디에서 소멸하는 것일까? 목숨을 가진 것들의 지도를 그리는 것은 바람의 지도를 그리는 것과 매한가지일 것이다.   - P104

산천초목들이 바람에 흔들리며 자라듯 인간도 바람 따라 성장하는 것일까?

TV에 '나는 자연인이다'라는 프로를 보면 대개 열심히 살다가 큰 병을 앓거나 마음의 상처를 받은 사람들이다. 빈손으로 산속이나 섬에서 물도 전기도 없이 자급자족하며 건강을 되찾는 모습을 보게 된다. 인간이 자연의 한 부분이 될수록 마음의 상처도 바람 따라 떠나나 보다.

　김정호(1804~1866추정)의 정확한 생사는 아무도 모른다고 한다. 평생 나그네로 살면서 조선의 길마다 보관할 수 있는 목판 각첩(31센치 20센치)에 산맥의 높낮이와 뻗어나간 줄기를 새겼다 한다. 서민들도 구할 수 있는 지도를 남기기 위해 섬진강에서 압록강까지 눈만 뜨면 걸었다. 깊은 산속 바위틈에서 비바람을 피해 가며 쪽잠을 자다가 외롭게 생을 마감한 그의 떠난 날은 아무도 모른다.

　나는 오늘 옛사람 고산자의 일대기를 보면서 남편의 대가족을 거느린 발자취를 헤아려 보고 있다.

꿈 길

　그가 밝은 청색정장 차림으로 내게 미소를 보내며 허공으로 멀어져 갑니다. 머리카락 한 올 흐트러짐이 없는 건장한 모습이 반세기 전 그를 처음 만났을 때와 똑같습니다. 화들짝 놀라 깨어보니 꿈입니다. 그런데, 그런데…. 빈손을 흔들며 말없이 떠난 그는 영영 돌아오지 않습니다.

　그와 결혼을 망설이던 내게 '손을 놓지 않겠다'고 약속할 때도 빈손이었습니다. 나 또한 두툼한 그의 손에서 든든한 믿음이 전해져 그의 손을 뿌리치지 못했지요. 그와 나는 만난 지 한 달 만에 부부가 되어 낯설어 하면서도 익숙해져 갔습니다. 젊은 날 하찮은 일에도 목소리가 커질 때는 머릿속은 하얘지고 마음엔 검은 구름이 끼기도 했습니다. 엎치락뒤치락하면서 반세기를 함께했지요.

이제 미움도 고운 정에 묻혀 서로의 다름을 보듬고 따뜻한 노후를 보내려 했는데 그는 삶의 끈을 놓아 버렸습니다. 늘 내게 버팀목이 되어 주었던 그의 빈자리는 추수가 끝난 들판을 스치는 바람처럼 허허롭기만 합니다.

그와 함께했던 소중한 순간들이 멈춘 지금, 내가 이제 무엇을 어떻게 해야 할지 멍해질 때마다 그가 수시로 꿈에 나타납니다. 편지를 보내기도 하지만 말이 없습니다.

떠난 지 백여 일이 된 날 밤 하얀 양복차림으로 나를 다시 찾아왔습니다. 반가워 손을 내밀었지만 그 옛날처럼 내 손을 잡아주지 않고 구름 속으로 사라집니다. 하늘에서 잘 있으니 안심하라는 듯합니다. 그날 이후 나의 허전한 마음을 거두어 간 듯 마음이 조금 가벼워졌습니다. 하지만 오십 년을 함께한 그를 황망히 떠나보냈는데 아무렇지도 않다면 거짓말이겠지요.

힘들었던 여름이 지나고 가을 추수도 끝날 무렵 그가 다시 찾아왔습니다. 나의 눈물을 땅에 묻고 새싹으로 발돋움하라는 듯 밝은 초록색 양복차림입니다. 평소에도 단정했지만 매번 옷을 갈아입고 밝은 모습으로 보이니 참 신기하네요. 빈손으로 이 세상에 태어나서 한 생을 살았듯이, 저승에도 빈손으로 영생을 불편 없이 보낼 수 있나 봅니다. 이승의 한 계절은 저승에서는 번개처럼 스치나 봅니다. 이 땅에서는 당신이 떠나고 해가 바뀌었는데 신비 속에 묻힌 하늘나라의 시간은 알 수가 없네요.

꿈길에서 짧은 만남뿐, 수시로 서러워도 눈물을 삼키며 참는 내게 글벗이 '시' 한 편을 내밀며 내 손을 꼭 잡아줍니다.

고별
- 정연순

공책하고 연필을 호주머니에 넣고
가로등 어스름한 공원을 걷는다
바다를 낳은 고래가 날아간다
두루 보듬고 나누던 커다란
고래가 빛 속으로 간다
덕분에, 고마워요 대단해요
세상이 뒤집혀도 믿어요
말이 묵직했던 고래
심장에서 솟구치는 분수
힘찬 날갯짓 그대로
단단한 미지로 간다
뒤돌아 손도 흔들지 못하는
속절없는 생애
오롯한 반려의 길 동무가 되리라
눌러쓴 바로 아래

우리 다 거기서 만나자고 새긴다.
 - 2021년 8월 10일 강대만 베드로의 승천을 기리며.

  남편과도 평소에 스스럼없이 지내던 글벗입니다. 친구 부부와 함께 해외여행도 다니며 오랜 세월 동안 믿음으로 고민들을 나누며 서로 의지하며 지냈던 사이입니다. 건강했던 남편이 갑자기 가실 때 믿을 수 없다며 제일 먼저 달려온 친구부부는 정신없는 내게 남편의 종부 성사부터 장례예식까지 안내해 주며 그를 위해 위령기도를 드려 주었습니다. 코로나로 종교 예식이 중지되어 갈팡질팡할 때 내게 큰 위로가 되어준 친구의 고별시는 남편의 영혼을 위한 기도이고 나를 보듬는 위로였습니다. 시를 읽으며 고래처럼 듬직했던 남편을 떠올립니다. 든든했던 그를 의지하며 살아온 지난 순간들이 다시 그리움으로 묻어납니다.
  그를 보낸 후 혼자 잠 못 이루는 나를 위해 글벗이 하룻밤을 함께해 줍니다. 같이 먹고, 바라보며 곁에 있어주는 것 만해도 큰 위안이 되었습니다. 남편이 생전에 자신이 없어도 아내를 부탁한다는 말을 친구에게 남겼다네요. 눈을 감은 후에도 아내를 부탁할 친구를 둔 서로의 믿음과 배려가 참 고맙습니다.

외로운 늪에서 헤맬 때 친구 부부가 여행을 가자고 합니다. 이박삼일 동안 신안 작은 섬을 산책하며 편히 먹고, 마시며 바다를 향해 크게 숨을 쉬니 울적했던 마음이 조금 맑아졌습니다. 여행 내내 안내하고 운전해 준 친구남편은 오가는 길이 지체되어도 흘러간 노래를 부르며 지루함과 피로를 잊게 했지요. 여행마니아인 그분은 빈틈없는 계획으로 최대한 즐기며 최소의 경비로 새로운 경험을 쌓는 부부 덕분에 몸도 마음도 조금 가벼워졌습니다.

여행 돌아와 친구부부에게 고마움을 전했더니 나의 밝아진 목소리가 더 고맙답니다. 이제 그의 영원한 안식과 주위 모든 분들을 위해 내가 용기를 내어야겠습니다. 얼마나 남았을지 모를 내 인생길은 뚜벅뚜벅 홀로 걸어야겠지만 주위의 도움으로 외로움을 견디며 나를 철들게 하네요. 이 어둠이 지나고 나면 내일은 또다시 태양이 떠오를 테니까 나도 밝은 모습으로 새로운 아침을 맞이하렵니다.

만남과 이별

지난 새봄을 맞이할 즈음 이어령 선생님께서 타계하셨다. 여든이 넘은 연세에 암 선고를 받았지만 치료를 거부 하고 집에서 투병한 5년 동안 창작활동을 하시며. '삼월이 되면 나는 없을 거야' 죽음까지 예언하면서 87세에 떠나셨다. 생을 다할 때까지 책과 펜을 놓지 않고 아픈 손가락에 붕대를 감아서도 문학의 길을 다듬으며 '나는 행복하였다'는 모습을 보이셨다.

삼복더위에 코로나로 면회도 금지된 입원실에서 보낸 남편과 함께 보낸 마지막 한 달이 참 소중했다. 몸은 떠나도 영혼은 살아온 모습대로 영원히 머물 것이라면 곁에 있을 때 좀 더 따뜻한 마음을 전하지 못한 것이 후회되었다. 그는 평생 맏이로 책임을 다하며 사는 동안 가능한 자신의 약한 모습을 보이지 않으려 했듯이 마지막 길에도 아픈 몸을 친지들에게 보이지 않고 떠났다.

백수를 넘기신 친정어머님이 나를 볼 때마다 맏사위가 잘 있느냐고 묻는다. 건강했던 사위가 세상을 떠난 것은 상상도 못하신다. 십오 년 전에 아버지 임종까지 지켜보신 어머니가 아버지는 어디 가셨냐고 묻는다. 돌아가셨다는 말에 "언제 돌아가셨냐? 왜 내게 말 안 해주었냐?"고 하신다. 친하게 지내던 친구들도 당신보다 적은 나이라며 돌아가신 것을 믿지 않으신다. 계절도, 시간도. 밤낮도 구별 없이 지내시는 어머니. 곁을 지키는 자식들도 모두 칠십 대지만 어머니 앞에서는 철부지로 세월이 멈추어있다.

어머니 지갑의 돈은 셀 때마다 금액이 바뀐다. 세면서 침대 밑에 빠트리기도 하고 손주들에게 나누어주는 재미로 지갑을 머리맡에 두고 챙기신다. 지갑이 비어가면 불안해하시니 우리들이 채워놓는다.

눈빛이 달라질 때는 가끔 헛것이 보이는지 흰 벽에 벌레들이 까맣게 붙어 있다며 잡으라고 하신다. 아무것도 없는 하얀 벽을 파리채로 탕탕 친 뒤, 방바닥에 떨어진 벌레들을 쓸어 모으는 연극을 벌이는 동안 어머니는 안심이 된 듯 조용하시다.

때로는 친구들도 떠나고 살던 집도 없어진 대구 본가에 간다며 나들이옷을 찾으신다. 거동이 불편하신데도 아래위 어울리는 옷을 찾으며 옷장을 활짝 열어 보란다. 걷지도 못하면서 혼자라도 택시 타고 간다며 서울과 대구도 이웃으로 착각하신다.
　마음은 방방곡곡 다니고 싶은데, 몸은 침대에서 떠날 수 없으니 얼마나 답답하실까? 때로는 "죽고 싶다."는 말만 되풀이하며 하루해를 지루해 하신다. 5남매를 키우며 살아오신 백 년은 접고, 새로 두 돌을 맞이한 어머니의 손을 맞잡고 좋아하시는 흘러간 옛 노래를 불러드리면 금방 표정이 밝아진다.

　막내 남동생이 영정으로 친지들을 맞이했다. 퇴직 후 주말농장에서 야채를 가꾸며 아내와 손주들의 재롱 속에서 흐뭇하게 웃음을 머금은 모습이다. 프랑스, 일본, 아프리카, 스웨덴 등 해외에서 늘 긴장된 생활로 바쁘게 살다가 귀국해서 노년의 여유로운 삶을 못다 누리고 갔다. 미소짓는 동생이 금방이라도 식구들 곁에 올 것 같아 눈물이 앞을 가린다. 천국에서는 편히 쉬려나?
　중환자실에서 한 달을 버티는 동안 온 식구들이 정성 들였지만 칠십을 앞두고 종지부를 찍었다. 사랑하는 아내와 자식들, 어머니와 형들과 좋아했던 누이동생을 두고 먼저 떠나며 막내는 얼마나 힘들었을까? 그의 마음을 전하듯 떠나는 마지막 순간 맑았던 하늘이 갑자기 어두워지며 천둥과 함께 소나기가 내린다.

'살려 달라'고 온 가족이 두 손을 모았지만 결국 하느님의 뜻이 아니었나 보다. 정성들인 기도가 헛되지 않은지 생전의 선한 모습으로 하느님 품에 안긴 듯 날씨가 금방 맑아진다. 가족 봉안당에 막내가 제일 먼저 안착하여 가족들에게 천국의 길을 안내하려나. 조용한 곳을 좋아하는 동생이 티없이 맑은 가을 하늘에 흰 구름이 떠돈다.

미안해요

핼러윈 데이(Halloween day)인 11월 1일은 만성절로 모든 성인을 기념하는 날입니다. 기원전 오백 년대에 고대 아일랜드 겔트족 풍속으로 알려진 신앙 문화는 11월 1일을 새해로 맞이하는 신년일과 같은 관계가 있습니다. 켈트족은 죽은 사람의 영혼이 일년 동안 산 사람에게 머물렀다가 내세로 떠난다고 믿었습니다. 그 후 1745년 기독교에 뿌리를 내려 미국, 캐나다, 호주, 뉴질랜드 등 영미권에서 위령의 달인 11월 1일 전야에 유령과 괴물 등 복장을 하고 흡혈귀, 해골, 마녀 등 가면을 쓰고 축제를 즐겼다고 합니다.

우리나라에는 2011년에 용산에서 처음으로 시작되었지만 코로나로 중지되었다가 2022년 시월 마지막 주말에 오랜만에 젊은이들이 모였습니다. 일상생활을 잠시 접고 자신만의 개성을 표출하면서 상대의 다양성도 존중하며, 평소에 누리지 못한 자유의 해방구를 찾고 싶은 젊은이들이 축제를 즐기려 했습니다. 평소와 다른 모습으로 가면을 쓰고 서로 이해하며 긍정적으로 받아들이며 흥겹게 흘러나온 노래로 파티의 분위기를 띄웠는데 이게 웬일입니까? 삽시간에 소나기가 내린 듯 서늘한 파티장에 음침하고 섬뜩한 비명이 쏟아졌습니다. 살려달라고 발버둥치는 아우성에 온 국민이 긴장되었습니다. 즐기려 모인 파티장이 157명의 사망자와 백여 명의 부상자가 일어난 압사사고로 이태원 축제길이 저승의 문턱처럼 수라장이 되었습니다. 부상자들의 후유증도 걱정입니다.

  이들은 사춘기 때 세월호 사고로 삼백네 명의 동년배들이 바닷물에 잠긴 아픔을 겪은 세대들입니다. 그 상처가 아물기도 전에 코로나로 삼 년 동안 갇힌 생활로 자유롭게 누리지 못하고 힘들게 성년을 보낸 세대들입니다. 대부분 한 가정에 하나 아니면 둘을 둔 요즘 귀한 자식을 앞세운 부모들 마음을 어떻게 위로해 드릴까요? 어미 배 속에서 함께 먹고 숨쉬면서 열 달을 품었고, 이십여 년을 사랑으로 키운 자식을 평생 가슴에 묻게 되었습니다. 잠시 즐기고 집으로 돌아올 줄 알았는데 바람처럼 영원히 가버렸으니 그들의 빈자리를 무엇으로 채울 수 있을까요?

곳곳에 빈소를 차려놓고 일주일 동안 추모기간을 두었습니다. 나도 마음이 편치 않아 용산구청 옆에 차려진 빈소를 방문했습니다. 빈소에는 영정사진은 없고 하얀 국화 수백 송이가 문상객을 맞이합니다. 티없이 맑은 젊은이들의 아까운 죽음이 헛되지 않도록 기도를 드리니 눈물이 핑 돕니다. 구름 한 점 없는 푸른 가을 하늘을 자유롭게 떠돌며 영원한 안식을 누리길 빌면서 돌아서니 다리의 힘이 빠집니다. 나무들이 베어진 민둥산에 다시 숲을 이루려면 긴 세월이 흘러야 합니다. 이 땅을 지킬 나라의 기둥인 젊은이들이 무너지면 다시 일어서기 힘드니 이런 일이 일어나지 않도록 마음을 모아야겠습니다.

사고 후에 서로 손가락질하며 네 탓으로 비난하기보다 가슴으로 소중한 생명을 지키는 바른 길로 나아가기를 바랍니다. 못다 피우고 떠난 젊은이들의 꿈을 모두 우리 가슴에 묻으며 이해인 수녀님의 시로 다시 기도를 바칩니다.

> 지켜주지 못해 미안하다는 말도 선뜻 할 수가 없어
> 그냥 그냥 두 주먹으로 가슴만 치고 있네요…
> 멈추지 않는 눈물과 슬픔의 심연 속에 사랑을 고백합니다.
> 잊지 않을게요 기도할게요……

몽골 가다

 문우가 몽골에 별 보러 가자고 한다. 별? 눈이 번쩍 뜨인다. 내 머리에 별들이 스치는 순간 선뜻 약속했다. 유난히 더운 여름을 보내며 지친 몸, 별빛에 위로 받고 싶었다.
 몇 년 동안 잠자든 여행 가방에 밝은 마음으로 짐을 챙겼다.
 몽골 울란바토르 공항에 도착해서 함께할 팀들을 만났다. 일행들은 젊은 연인들과 육십 대 전후의 주부들과 청년들이다. 나이부터 몇 십 년의 시공간을 뛰어넘으니 살아온 인생 또한 얼마나 각양각색일까? 그런 팀에서 희수인 내가 제일 연장자다. 젊은이들과 함께하면서 최대한 나이를 잊기로 했다.
 울란바토르를 떠나 유목민들의 마을로 갔다. 방목된 가축의 무리들을 피해가며 가드레일, 중앙분리대, 안내 표지판 하나 없이 굽이굽이 잘도 찾아간다. 게르에는 간이침대 세 개와 미니 화장실로 작지만 불편하지 않았다. 해가 기우니 둥근 달이 바로 게르 앞 가까이 떠오른다. 보름달에 별들은 어느 하늘에 숨었는지 달빛만 밝았다. 밤 2~3시면 별이 보일까 했지만 달빛, 전깃불에 파란 하늘만 맑게 보인다.

 육안으로는 보이지 않은 별을, 동행한 젊은 친구가 아이폰으로 찍어 보여준다. 파란 하늘에 금가루를 뿌린 듯 반짝인다. 은하수도 담았다는 그 젊은이의 눈빛이 별만큼 순수해 보인다. 이십 대인 그는 연애 5년 만에 결혼 약속 기념으로 연인과 함께 온 여행이니 수많은 별들의 축하를 받으리라. 요즘 쉽게 만나고 헤어지는 시대에 그들의 앞날은 별처럼 밝을 것이라 믿어진다.

 둘째 날 밤에는 젊은 동료가 자기 게르에 초대를 했다. 게르를 운영하는 현지인 사장과 가이드가 젊은 연인 두 쌍과 맥주를 마시며 부드러운 분위기였다. 문우와 나는 기성세대일 텐데 초대해 주니 기꺼운 마음으로 편안하게 합류했다. 신혼인 부부는 아이를 언제 낳을 것인가를 고민하고 있다. 만약 내가 신혼으로 돌아간다면 새 생명의 탄생은 나의 의지가 아닌 하늘의 뜻이란 말은 삼켰다. 나도 그때는 몰랐으니까. 오십 대 여자와 삼십 대 남자가 선후배로 만나 남매처럼 지낸다는 말을 태연한 척 듣고 나의 아리송한 속마음은 감추었다. 한국인 가이드는 오십 대 후반인데 20여 년 전 결혼에 실패하고 도피처로 이곳 초원에서 고생했던 이야기를 사심 없이 풀어 놓는다. 부부가 함께 살아도 힘든 세상. 혼자서 고국을 떠나 얼마나 외로웠을까? 사람마다 다른 이런저런 인생사를 듣는 동안 밤은 깊어갔다.

 이곳에 오기 전에는 물이 귀하고, 재래식 화장실로 때로는 초원에서 볼일을 보아야 하며, 수만 마리 동물들의 배설물이 쌓인 초원을 어떻게 다닐까? 걱정했는데, 냄새 하나 나지 않았다. 햇볕과 바람과 맑은 공기에 건조되고 야생식물들의 거름이 되어 초원은 키 작은 야생화들의 천국이었다. 동물들에게 밟히고 꺾이면서도 꽃을 피우는 끈질긴 생명력을 지닌 야생화들이다. 꽃을 좋아하는 문우는 숨어있는 꽃들까지 핸드폰에 담기 바쁘다.

 초원 중턱에 거북바위가 버티고 있다. 살면서 바쁜 일도 있겠지만 서둘지 말고, 한번 가면 오지 않는 순간들을 소중히 여기라는 듯, 변함없는 자태로 자신의 자리 지키고 있다. 매사에 허둥대는 내게, 있으면 있는 대로 없으면 없는 대로 걱정 없이 살라며 거북바위가 나를 지켜보고 있다.

 언덕 위에 책 읽는 바위가 펼쳐져 있다. 몽골인의 정신적 지주로 세계인 모두가 평생 해독해도 모자랄 목록들이 담긴 듯하다. 우리나라의 15배나 되는 국토에 350만 인구가 살면서 강한 나라인 러시아와 중국을 경계 두고 있지만, 평온하게 초원을 지킬 수 있는 것은 책 읽는 바위가 버티고 있어 경제적으로 풍족하지 못해도 정신적 안정으로 이 땅을 지키나 보다.

  책 읽는 바위의 첫 장에는 무엇이 쓰여 있을까?

 '초원의 들풀처럼, 자유롭게 노니는 야생 동물처럼 살아가면서 아무 걱정 하지 말아라. 모두가 하늘의 뜻이니 주어진 환경에서 최선을 다할 뿐이다.'

  인간에게 만물을 다스리는 권리는 주어졌지만 꼭 지켜야 할 조물주의 뜻이 무엇인지 바위에 새겨져 있을 것 같다. 그럼 마지막 장에는 무슨 내용으로 결론지을까? '모두 제자리에 두고 빈손으로 오너라. 하늘나라는 아무것도 필요 없다. 땅에서 뿌린 대로 거두리라.'

  조금은 가벼워진 마음으로 돌아오는 비행기에 몸을 실었다.

유엔기념공원

　세계 유일한 유엔기념 묘지이자 성지인 유엔기념공원이 부산 남해바다를 바라보며 세계의 평화를 기원하고 있다. 스물두 개의 국기가 태극기와 유엔기와 함께 바람에 펄럭인다. 이백만여 명의 전사자와 실종자의 넋이 이곳에서 편안한 안식을 누리도록 추모비가 지키고 있다. 지금은 본국으로 이장되고 튀르기에 유해 사백여 기를 비롯하여 11개국의 이천 삼백여 유해가 안장 되어 죽어서도 세계평화의 소중함을 말없이 후손들에게 전하는 영원한 수호신으로 모셔있다.
　6·25한국전쟁이 일어난 73주년이다. 살아 본국으로 돌아간 전우들도 현재 몇 분만 생존해 있다. 그동안 눈감을 때까지 전쟁의 아픔을 가족들과 함께 안고 살면서 한국을 잊지 못했단다. 그중에 열아홉 분은 본국에서 살다 돌아가셨지만 유언대로

이곳에 묻혔다. 몇 명 남지 않은 구십세 넘은 생존자 중에도 "죽어서도 한국을 지키겠다"는 용사들이 있다니 주검 앞에서조차 자유와 평화를 지켜야 한다는 신념이리라.

결혼 3주 만에 참전해 전사한 호주인 아내는 신혼의 꿈을 평생 그리워하며 남편 곁에 묻어달라는 소원대로 결혼 60년 만에 남편 곁에 묻혔다. 사랑의 힘이 전쟁보다 강하다는 울림을 남겼다.

한국전쟁에 두 번 참전하여 전사한 용사도 있다. 20세 미국 해병대 상병으로 임무수행을 마치고 무공훈장을 받고 귀국하여 제대했다. 하지만 다시 자원입대하여 은성훈장을 받아 미국신문에도 알려진 이튿날 23세 생일을 앞두고 전사했다고 한다. 전쟁은 승자나 패자에게 상처만 남기는데 지금도 곳곳에서 전쟁이 일어나고 있으니 인간의 어리석은 욕심은 어디까지일까?

해마다 11월 11일 11시 11분에는 추모 사이렌 울리며 전세계가 재한 유엔기념공원을 향해 묵념을 올린다. 이날은 1차 세계대전 종전일로 영연방국들의 현충일로 세계평화를 위한 뜻깊은 날이기도 하다. 11이란 삶과 죽음이 하나 되고, 남남이 만난 부부가 하나 되듯, 전쟁이 없는 자유민주주로 화평한 세상이 되는 꿈을 꿔본다.

"한국 전쟁은 잘못된 곳에서, 잘못된 시기에, 잘못된 적을 만난 잘못된 전쟁이다."

 맥아더 장군의 뼈아픈 말을 새겨 본다. 육이오 전쟁으로 백만여 명이 귀한 목숨을 잃었고, 삼팔선으로 이별하는 아픔과 온 국토를 쑥대밭을 만들었다. 지금도 곳곳에서 아버지가 아들을 땅에 묻는 패자뿐인 전쟁을 멈추지 않고 있으니 유엔공원묘지에 묻힌 영혼들이 편히 잠들 수 있을까?

 유엔공원묘지에는 여러 물길들이 모인 남해 바다에서 신선한 해풍이 분다. 높고 넓은 창공엔 솜털구름들이 자유롭게 노닐며 전우들의 넋을 위로하고 있다.

부산 나들이

　재경 여고동창 카톡이 울린다. '희수기념으로 일박 이일. 부산행 어떨까?' 잠시 후 '좋아요' 찬성표가 오르더니 일주일 만에 오십여 명 이름이 뜬다. 코로나에 묶였던 몸과 마음의 문이 열린 듯 버스 두 대가 만석이 되었다
　사월 봄바람 안고 새벽 길을 나섰다. 오랜만에 만난 동창들은 눈만 마주해도 싱글벙글한다. 서로 이름만 불러주어도 눈이 반짝인다. 앞만 보며 뛰었던 젊은 날의 모습들은 희미하고 흰 머리와 곱게 주름진 얼굴에 세월의 흔적이 담겼지만 네 허물이 내 모습인 우리들 노년에게는 서로가 소중하고 편안하다.
　동창들은 대부분 해방 이듬해에 태어난 행운아들이다. 하지만 한국전쟁으로 온 나라가 수라장이 되고 수백만 명의 사상자와 행방불명으로 십만의 고아를 남긴 혼돈의 십대를 보냈다.

하지만 휴일도 없이 폐허 된 국토에 고속도로를 내고 아파트를 세우며, 온 국민이 피땀 흘린 보람으로 세계선진국이 된 노년에 희수맞이 부산나들이라니…. 새삼스럽다.

부산은 삼백만여 명의 국민이 희생된 한국전쟁 때 피난민들이 밀려온 마지막 피난처였다. 좁은 땅에 인구가 늘어나 옹기종기 판자촌에서 서로 도우며 견딘 곳이다. 부산이 없었다면 대한민국도 없었다고 할 만큼 소중했던 임시수도였다. 하지만 피난민들의 인내와 피눈물이 지금의 부산을 국제해양도시로 발전시킨 밑거름이 되지 않았을까?

초대대통령 이승만 부부가 거처했던 관저에는 기본 살림기구와 낡은 옷가지들이 전시되어 있다. 갑자기 닥친 동족간의 침략으로 온 국민들 생명의 위기에 놓인 순간 물 한 모금인들 마음 놓고 마셨을까? 관저 기념관에는 긴장감이 돌아 우리들은 숨소리조차 조심스러웠다.

이승만 대통령 사후 육십여 년 만에 일생을 바쳐 자유민주주의를 지킨 기념관을 추진하고 있다니 국민 통합도 함께 이루어지리라 기대해본다.

저녁 만찬은 파도소리 밀려오는 해변의 횟집에서 푸짐하게 희수잔치 분위기를 마련해 주었다. 식사 후 뒤풀이 시간이다. 서로 앞서고 뒤서며 시기도 했던 여고 시절보다 몸은 자유롭지 못하지만 마음은 한결 비워진 듯 부드러운 분위기다. 내가 벗들을 반갑고 예쁘게 보니 서로가 소중해짐은 나만의 느낌이 아니니라. 밤바람을 안고 해변을 걸어 숙소로 향하며 잠시 젊은 날로 돌아간 우리의 상쾌한 기분을 파도에 실어 보낸다.

 같은 시대를 살아온 우리는 자주 만나지 못해도 낯설지 않고, 동창이라는 풋풋한 느낌은 변함없이 친근감이 돈다.

 숙소는 내가 신혼여행 왔던 곳이며, 1년 전 결혼 50주년으로 남편과 보낸 해운대 J호텔이다. 파도와 동백섬은 여전하다. 친구들은 동백섬으로 아침 산책을 나섰지만, 나는 숙소에서 창밖으로 섬을 바라본다. 동백섬에서 풍파를 견디며 동백꽃을 피우듯 조용히 내 마음에 동백꽃 한 송이를 피워 본다.

 부산에서 경주 불국사를 거쳐 서울로 오는 장거리 이동이 무리인 것 같아 조심스러웠다. 하지만 어릴 때 불렀던 동요부터 흘러간 가곡들을 부르며 하하 호호 하는 동안 서울 가까이 왔다.

 칠순 기념으로 경주로 갔을 때, 팔순은 평양으로 가고 싶다고 했던 말이 꿈에서나 가볼까? 해마다 동창들의 이름이 지워지고, 짝 잃은 친구들도 늘어난다. 저물어 가는 해를 안고 서울로 돌아오는 허전함이 통했는지 여행 후 뒤풀이 소식을 알린다. 선심을 베푼 친구에게 모두 두 손 들고 환호한다.

 보름 후 청계산 자락에 꽃밭으로 단장된 고깃집에 모였다.

친구의 부름에 사심 없이 모인 더 밝아진 친구들, 40여 명의 웃음보가 여행 때보다 더 커졌다. 하룻밤 인연으로 한방에서 보낸 짝꿍이 손을 번쩍 들며 반긴다. 만날수록 옛정들이 꿈틀거리는지 식사가 끝나도 선뜻 일어서지 않는다. 정원에서 여유 있게 우리들만을 위한 차 한 나눌 수 있는 기회도 몇 번이나 있을까? 아무도 모른다. 하지만 다시는 돌아오지 않는 오늘을 보내는 아쉬움은 우리들을 철들게 하듯 저녁노을이 곱기만 하다.

어머니의 묵주

"하늘에 계신 우리 아버지…."

오늘도 반복하여 묵주를 돌리는 어머니. 자식들을 위해 수십 년을 드리던 기도문 반 토막은 가슴에 묻힌 듯 머리에서 사라진 모양입니다. 몸은 자유롭지 못하지만 자식들을 위한 어머니의 기도는 끝이 없습니다.

어느 날 어머니가 잘 깨어지는 묵주로 바꿔달라며 손에 든 묵주를 내밉니다. 그런데 열 알씩 이어진 묵주 알이 드문드문 비어있어 깜짝 놀랐습니다. 수저 들기도 힘들다는 어머니가 단단한 나무묵주 알을 이빨로 왜, 어떻게, 언제, 무슨 힘으로 깨트렸을까요?

맏딸인 나만 보면 강서방은 어디 갔느냐?고 물으십니다. 매번 고향 갔다는 내 대답이 이상한지 너 혼자 살지? 강서방은 누구랑 사느냐? 건강했던 사위가 세상 떠났다는 것은 꿈에도 생각하지 못하는 것 같습니다. 지난해는 막내아들도 하늘나라로 갔지만 그것조차 모르는 어머니. 막내는 늘 잘 있으려니 믿으시니 우리들은 전전긍긍합니다.

점점 희미해져 가는 눈, 이명만 울리며 멀어져 가는 귀, 오늘이 며칠인지, 지금 몇 시인지 정신은 가물가물 해도 목소리는 또렷합니다. 당신의 생일과 나이는 기억하지만 자식들은 마냥 젊은이로 멈추어있습니다.

"아버지는 어디 계시냐?"

"십칠 년 전에 돌아가셨잖아요."

"왜 내게 이야기 안 했냐?"

아흔에 입원하신 아버지를 임종하실 때까지 한 달 동안 곁을 지킨 어머니 말씀에 말문이 막힙니다.

대문 열어드려라. 아버지 오셨다. 그리고는 옷을 갈아입겠다고 오뉴월에 바바리코트를 찾으십니다.

아무도 안 왔다고 하지만 막무가내로 나가보랍니다. 잠시 잠잠하더니 갑자기 제물 준비하라며 재촉합니다. 그렇지 않아도 며칠 후면 아버지 기일입니다. 제사가 언제인지 모르는 어머니에게 아버님의 혼령이 미리 다녀가셨는지 침대에 누워서 마음이 바쁘신 듯 나물과 고기, 생선…. 주문들이 많으십니다.

"내 죽으면 입을 옷 어디에 두었느냐? 죽거든 아버지 곁에 묻어다오."

어머니가 손수 마련해 둔 일들까지 걱정하며 다짐하십니다.

부잣집 외동딸로 고등교육까지 받은 어머니는 외갓집에서 반대하는 가난한 선비집안 아버지를 짝사랑했다고 합니다. 동네 떠들썩 소문난 연애결혼을 했지만 빈손으로 시작된 신혼 삼일 만에 아버지는 학도병으로 강제 징집되어 일본으로 떠나셨답니다. 그 밤에 뿌려진 씨앗, 첫아들을 낳았지만 일년 만에 해방되어 돌아오신 날, 아기는 아버지 품에 안겨 영원히 잠들었답니다.

해방 이듬해에 맏딸인 내가 태어나고 이년 후 남동생이 태어났지만 그도 명이 길지 못했습니다. 눈이 펑펑 내린 추운 날 지게에 얹혀 동생이 떠난 그날은 지금도 어린 내 기억에 남아 있지만 두 아들을 보낸 부모의 아픈 마음은 감히 상상도 못했지요. 그 후 아들 삼형제를 낳고 막내딸까지 오 남매를 또 잃을까 봐 애를 태우셨지요.

그리고는 외갓집에도 변화가 많았습니다. 한국전쟁으로 외할아버지가 인민군에게 죽음을 당하시고, 후유증으로 외할머니도 돌아가셨습니다. 많은 재산도 물거품이 된 겹친 악몽으로 이십대를 보낸 그때부터였을까요? 아픔을 삭이시며 매일 새벽 염주를 손에서 놓지 않았습니다. 지금은 염주가 묵주로 바뀌어 자식들을 위한 기도로 하루를 시작했겠지요. 평생을 기도로 힘든 세월을 견딘 허한 어머니의 마음을 이제야 그려 봅니다. 이제 묵주알을 깨트리며 모든 울분을 지우고 아픈 기억들도 묻어버리려는 마지막 안간힘일까요?

가끔 멍해진 가슴을 달래시는 듯 혼자 옛 노래를 부르십니다. 두 눈을 지그시 감고 조각난 음정에 오락가락하는 가사를 생각나는 대로 목청을 높입니다. 청중은 나 혼자지만 박수로 추임새를 들고 어깨도 들썩이면 신나신 듯 서너 시간씩 이어집니다. 앞뒤가 뒤섞인 어머니의 흥얼거림을 적어 봅니다.

> 물어, 물어 찾아봐도 옛 님은 보이지 않네
> 위치도 모르고 찾을 수 있을까?
> 내 나이는 백셋. 나를 보면 알아나 볼까
> 헤어지면 그립고, 만나보면 시들한 님.
> 그래도 돌아보니 그때가 좋았네.

언제나 빈틈없고 밝으신 어머니는 어떤 어려움도 잘 견디시며 자식들에게 의지하는 약한 모습을 보이지 않으셨지요. 하지만 영원한 이별의 두려움과 외로움을 묵주알을 깨트리며 삭히신 어머니. 자식들은 묵주의 빈자리를 채워드릴 애잔한 마음뿐인 듯합니다.

  치매로 아무것도 모르실 듯. 어쩜 모두 알고 계시는 어머니는 한 세기의 삶을 내려놓고 이제 기도까지도 끝내고 싶은 것일까요? 나를 되돌아보게 한 이 빠진 묵주를 목에 걸고 어머니의 따뜻한 손을 꼬옥 잡아드리니, 내 손을 놓지 않으십니다.

봄바람이 분다

　한양수필문우들이 통영으로 문학기행을 떠난 날이다. 월례회마다 통영서 서울까지 왕복 아홉 시간 동안 고속도로를 달리며 회원들에게 활력을 불어넣는 박선생의 초대로 새벽길을 나섰다. 회원들은 어릴 때 소풍 전날부터 설레었던 마음은 나이가 들어도 변함없는 듯 모두 꽃물 든 표정들이다.
　검정 티셔츠와 바지, 점퍼에 초록 머플러로 단정히 마무리한 정선생. 자주색으로 통일된 모자, 작은 가방, 운동화차림으로 빈틈없는 여행의 묘미를 풍긴다. 그녀는 가는 곳마다 여행의 흔적들을 핸드폰에 담기 바쁘다.
　아씨로 부르고 싶은 김선생, 단정하게 빗은 머리에 분홍 머플러와 모자로 봄맞이 여인이다. 회원들의 불편한 일은 없는지 배려하며 분위기 살핀다. 맏이로, 외며느리로 살아온 책임감이 나이 들수록 마음이 따뜻한 모습이 보인다.

　회원 중 막내며 한수회 회장인 우선생. 작은 몸매지만 수많은 문인들의 작품들을 정성들여 묶어주는 작가들의 등대 역할을 한다. 수시로 글벗들이 모일 수 있도록 사무실에 사철 꽃을 피워 북카페 분위기를 살리는 부지런함. 아무리 힘들어도 다시 일어나는 오뚝이, 바람에 긴 머리 날리며 숨겨진 열정을 마음껏 펼 수 있는 새로운 힘을 얻으리라.

　파란 하늘색 윗도리에 푸른 머플러로 더욱 맑은 얼굴인 원선생. 파란 바지, 흰 바지로 바꿔 입으며 은근한 멋을 품은 작가다운 매력이 풍긴다. 먼 곳을 바라보며 실눈으로 상상의 나래를 펼치며 농담 속의 진담을 던지며 미소를 띤다. 꾸준히 쌓아온 작가로 연륜 따라 성장해가는 흔들리지 않는 문학인의 자존심이 묻어난다.

　총무인 이선생은 궂은일에도 미소를 머금은 밝은 표정이 회원들 마음을 편안하게 한다. 늘 따스한 기가 전해지는 순수함은 보이지 않는 이선생에 대한 믿음이리라. 회원들의 눈만 마주쳐도 기분을 읽고 눈웃음을 보내는 정이 많은 이선생. 가끔씩 실수할 때도 그녀만이 풍기는 긍정적인 매력이 보인다.

　평범하지 않은 모자와 옷차림으로 늘 눈길을 끄는 중년 모델인 조선생. 편안하고 화장기 없어도 개성미를 풍긴다. 회원들이 차를 마시며 쉬는 동안, 혼자 전통시장을 돌며 특산물들을 구입하는 알뜰 살림꾼. 가는 곳마다 맛집 찾아다니는 미식가인 그녀가 쑥스럽다며 전혀 반응이 없던 카톡방에 갖가지 구입한 반찬들 사진을 올려 회원들의 눈길을 끈다.

통영에서도 인심 좋은 박선생은 가는 곳마다 환영이다. 그녀의 친구까지 직접 운전하며 친절하게 안내하니 통영 시민 모두가 베푼 인심인 듯 고마웠다.

평생 바다를 품고 살아온 사나이답게 시원하고 믿음직스러운 그녀의 남편인 문사장님이 반갑게 우리들을 맞이하신다. 뚝심 하나로 성난 파도에 위험한 고비들을 버티며 국민의 먹거리인 참치양식의 선구자다. 그는 힘들게 기른 활어 참치와 와인까지 곁들여 푸짐한 성찬을 우리들에게 차려주신다. 일급 상차림으로 대접 받은 우리들은 문사장님의 꿈이 이루어져 우리나라 수산업이 번성하기를 기원했다.

만찬 후 뒤풀이까지 준비한 박선생의 센스에 회원들은 일심동체가 된다. 오랜만에 찾은 노래방이지만 세월을 되돌린 듯 전혀 변하지 않은 목소리로 노래방 기계가 바쁘다. 맏언니인 나는 나이도 접고 내 멋에 취해 몸으로 분위기 띄우니 모두들 한층 더 목청 높여 장단 맞춰 준다. 마음 편히 서로의 허물들 주고받을 수 있는 인연이 어디 흔할까?

조용히 물러나와 흥분된 분위기를 안고 숙소인 박선생 댁에 들어선다. 주인 닮은 깔끔하고 아담한 주택에 들어서니 오랜만에 친정집 들르는 편안한 기분이다. 안주인이 그린 그림과 붓글씨로 꾸며져 집안은 화목과 안정감이 깃든다. 화려한 통영 자개장에서 나온 통영 누비이불이 안방에 곱게 펼쳐진다. 꿀잠으로 피로를 풀고 새 아침을 맞이한 문우들은 세상 부러운 것 없는 행복한 표정들이다.

욕지도의 참치양식장을 찾아간다. 한 가두리에 수백 마리가 살고 있는 50킬로에서 130킬로 이상 나가는 귀한 참치들은 덩치보다 예민해 작은 배로 조심스럽게 접근한다. 하루 한 번씩 먹이로 냉동 고등어를 녹여 활어인 듯 높이 기계로 던지면 참치들은 뛰어올라 낚아챈다. 서로 먹으려고 욕심낼 것 같지만 배가 부르면 뒤로 물러서는 그들만의 질서가 있는 모양이다. 조금이라도 착오가 있으면 가두리 안은 난장판이 되니 폭풍이 불어도 잠들지 못하고 수온의 변화에도 예민하니 자식 키우는 부모의 마음으로 늘 긴장되리라. 활어 참치 한 조각이 식탁에 오를 때까지 담길 수많은 사람들의 수고들이 마음 깊이 느껴진다.

욕지도에서 소문난 할머니 바리스타 카페에서 잠시 쉰다. 방문객들이 남긴 메모들이 온 벽과 천장까지 빈틈없이 채워져 긴 세월의 흔적이 보인다. 젊었던 주인도 쌓인 세월만큼 바닷바람에 희로애락을 녹이면서 이제는 장학기금도 마련하는 수수한 할머니 모습이다. 우리도 '한양수필문우회 문학기행' 키 큰 정 선생이 시원한 필적을 남겼다. 회원 각자 지닌 재주들이 묶이지도 않고, 드러냄도 없이 서로 소통하라며 시원한 바닷바람이 스친다. 언젠가 다시 통영 오게 되어 카페를 다시 찾을 때 우리 회원들은 어떤 모습으로 변해있을까?

통영에 더 머물고 싶은 마음을 부추기며 더 있으란 듯 이슬비가 내리다 그친다. 가야 하는 몸이라면 가라고 가랑비가 오락가락한다. 마른 홍합과 멸치를 안겨주며 서울로 출발할 때까지 눈웃음으로 전송하는 그녀의 후한 인심 덕분에 모두의 가슴에 행복을 가득 안고 돌아왔다.

공작산과 선생님

 안방에 걸린 선생님의 그림을 바라봅니다. 십여 년 전 선생님의 그림 전시회에서 안고 온 작품입니다. '공작산'이란 제목의 이 그림은 겨울 나목에 쌓인 눈의 정경인데 바라보고 있으면 어쩜 이리도 포근한 느낌이 들까요? 문인들을 늘 다정히 맞아주시는 선생님의 그 마음이 담겨서인 것 같습니다. 일상에서는 엄정하신 선생님의 마음이 따뜻함을 알기 때문입니다.
 반추상화처럼 보이는 이 그림은 처음 보았을 때는 한 마리의 공작새가 도도하게 날개를 펼친 모습이었습니다. 하지만 요즘은 두 마리가 마주보며 서로를 품은 듯합니다.
 그림과 시가 온 삶이었던 선생님이 수필로 삶을 보듬은 동반자를 만난 것도 운명인 것 같습니다. 「사랑은 예의거니」에서 '큰 잔치상은 사랑의 기쁨'이라시던 선생님은 어렵게 만난 아내와 힘들고 외로웠던 지난날들을 서로 잠재우며 '귀 씻고 눈 닦아 맘까지 맑아지기'를 바랐겠지요.

늦은 나이에 만난 아내와 함께 가는 세월이 아쉬워 여행으로 고운 추억들을 쌓느라 분주하던 모습이 어제인 듯합니다. 참 보기에 좋았습니다.

그런데 몇 해 전 복더위에 중환자실에서 한 달을 의식불명으로 계실 때는 혹시라도 먼 길 떠나실까 봐 마음 졸였습니다. 하지만 곁을 지킨 님의 정성일까요? 기운을 차리시고 다시 우리 곁에 돌아오셨을 때 얼마나 안심이 되었는지 모릅니다. 새로운 삶을 맞이하게 된 양하여 백수하시리라 믿었습니다.

"아름다움은 분명 쓸모가 없다. 하지만 그것 없이는 도저히 우리를 지킬 수가 없다."는 프로이드의 교훈을 가슴에 묻고 삶의 끝자락까지 시인의 마음 놓지 않으셨다는 선생님.

60여 년이 넘는 시작(詩作)으로 문학인들의 등불이 되신 선생님. 진심으로 존경합니다. 끝없는 인간의 욕망을 시심으로 달래시며 평안과 안정을 찾으신 선생님. "문학은 내 삶의 편안이고 내 시의 안정이다." 하신 말씀대로 맑은 시인의 마음, 평생을 쌓은 선생님의 시들을 그림 속 공작산도 영원히 품고 있으리라 믿습니다.

최근에 남기신 선생님의 시어들을 다시 한 번 되새겨 봅니다.

그렇다
묻지를 말자
죽음의 셈법은.
　　　　　－「물난리」 중에서

서둘러
돌아서야 할
저켠의 어둠길을.
　　　　　－「노을 녘엔」 중에서

　삶의 끝자락이 어디일지, 언제일지 아무도 모르는 일이지만 그날을 맞이하는 날까지 열심히 사는 일이 최상의 길임을 선생님은 평소에 실천으로 보여주셨지요.
　다시 한 번 나목에 내려앉아 따뜻하게 품고 있는 공작새 한 쌍을 바라봅니다. 선생님, 하루의 저물 녘, 곱게 물드는 노을처럼 아름답게 물드시기를 기원합니다.

　*상남(尙南) 성춘복 선생님은 2023년에 21권의 시집을 남기시고 상남문학상을 제정하신 후 2024년 5월 22일에 영면하셨습니다. 선생님이 공을 들이신 『문학시대』와 도서출판 '마을'이 선생님의 뜻을 받들어 오래도록 이어지기를 기원합니다. 더불어 도서출판 소소리도….

시월의 마지막 날

 희수년 마지막 가을을 보내는 아쉬운 마음을 안고 여고 동창들이 강화도 전등사에 갔다. 노란 잠바를 단체로 맞춰 입은 오십여 명이 소풍 나온 병아리 모습들이다. 도심을 벗어나니 주름진 얼굴에 흰머리가 가을 풍경에 잠겨 맑은 가을 하늘 아래 자유롭고 편안한 분위기다.

 서로 손잡아 주며 전등사 계단을 오르니 숨이 차다. 약수로 목을 축이고 대웅전을 향해 예를 올린다. 1621년에 다시 세운 전등사 처마를 바라본다. 나무 조각상들이 섬세하다.

 그중에서 힘겹게 처마를 받치고 있는 여인상이 특이하게 눈길을 끈다. 저 여인은 무슨 업보를 저질렀기에 나체로 앉아 처마를 받치고 있는가. 도편수가 그를 배신한 여인에게 복수하는 마음으로 새겼다는 일설도 있으니 인과응보의 깨우침을 주는 것인가.

 대웅전에는 목조삼존불좌상이 자리하고 있다. 가운데 석가불을 중심으로 약사여래와 아미타여래이다. 고통받고 있는 중생을 모두 구하기 전에는 성불하지 않겠다고 맹세한 지장보살 삼존상과 저승세계에서 죽은 자의 죄를 심판하는 십명의 시왕을 비롯한 불상들이 있다. 승려조각가와 신도들의 섬세한 솜씨가 담긴 불상들은 완벽할 수 없는 불안전한 인간에게 마음의 안식을 전하리라.

 대웅전 앞뜰에는 단풍나무가 자리 잡고 있다. 한 둥치에서 삼백여 년 동안 쉬지 않고 여러 가지들로 뻗어나간 청단풍이 가을바람에 나부끼고 있다. 인구가 줄어들며 나라가 사라질까 불안한 시대라 쭉쭉 뻗어나간 단풍나무 자태가 더욱 돋보인다.

 수령 400년이 넘은 느티나무도 세월의 풍파를 견딘 웅장한 모습으로 전등사의 지킴이로 주위의 자연 풍경들을 빛내고 있다. 침묵으로 긴 세월을 버티어 온 고목의 그늘 아래에 서니 저절로 고개가 숙여진다. 그 옆에는 보물 제393호로 지정된 범종이 전등사의 사연을 품고 있다.

 이곳에서 인간은 풋내기다. 한 세기도 못 넘기면서 땅 뺏기로 목숨 걸고 다투며 경계를 두고, 서로 잘난 채 총부리를 겨누는 철부지들은 언제나 자연 앞에 조용해질까?

가을바람을 품고 서울로 돌아오는 분위기는 떠날 때보다 더 화기애애하다. 자연 속에 묻혔던 하루의 마음이 맑아지니 이런 기회를 준비한 여러 친구들의 수고가 돋보인다. 함께할 수 있는 기회가 많지 않은 연륜이라 더욱 고맙다. 아무리 나약하고 힘이 없어도 서로 손잡아 주고 마음을 나눌 수 있다면 살아가는데 보약이 되리라.

아뿔싸, 집에 오니 재래시장에서 상인들을 돕는 마음으로 구입한 다시마, 표고버섯, 땅콩 보따리가 없다. 강화도 토산품인 인삼 막걸리와 순무김치와 새우젓만 안고 왔다.

이튿날 번거롭게 오간 친절한 버스기사 덕분에 잃어버렸던 것들을 기분 좋게 전해 받았다. 고맙고 반가워 수고비를 주거니 받거니 하면서 전하고 돌아서니 몸은 힘들었어도 마음은 흐뭇했다. 작은 물건 하나라도 사람과의 인연처럼 만남의 기회가 따로 있나 보다. 고소한 땅콩 한 줌을 씹으며 시월의 마지막 날을 다시 떠올려 본다. 강화도 여행은 내 마음에 사랑의 징표로 새겨졌다.

어머니의 하루

　어머님이 내 손을 꼭 잡으시며 "참 선량하다." 하신다. 오랜만에 듣는 '선량'이라는 새삼스러운 말에 "엄마 딸이니까." 하며 웃었다. 정신이 맑았다 흐렸다 하시는 어머니가 잊었던 좋은 낱말을 기억하시니 묻혔던 보물을 찾은 듯 반가웠다. 평소에 맏딸인 나를 못 미더워 하시던 어머니가 내게 선량한 사람이 되라고 미리 유언을 남기시는 것일까? 침대에서만 지내며 힘들어 하시는 어머님이 편히 하늘나라로 가시길 기도드린 딸에게 착하고 어질다 하시니 어머니 마음속에 천사가 계시나 보다.
　"아버지가 보고 싶다."며 소리 내어 우신다.
　"우리 아버지?" 나는 당연히 나의 친정아버님, 당신의 남편인 줄 알았다. 그런데 고개를 흔드셨다.
　"아니 내 아버지." 나는 깜짝 놀랐다.

"외할아버지?"

되묻는 순간 더 서럽게 우시며 눈물을 닦으신다. 나는 한 번도 뵌 적이 없는 6·25 때 돌아가신 외할아버지다. 부잣집 외동딸을 가난한 선비집안으로 시집보내고 외할아버지는 딸의 걱정이 많으셨단다. 어머니의 가슴에 깊은 상처로 남은 지난 일들이 저세상에서 할아버지를 만나면 모두 내려놓으실 수 있을까?

"우리 엄마도 불쌍해."

어려운 신혼살림을 외할아버지 몰래 도와주신 외할머니의 마음을 되새김질하듯 더 서럽게 우신다.

오늘은 어머니가 종일 바쁘시다. 대화의 상대는 이미 이 세상을 떠난 분들이지만 어머니는 평상시처럼 만나고 헤어지신다. 한 세기를 사시면서 맺은 인연들과 차례로 만나 신나게 웃으며 손뼉을 치신다. 원래 사교성이 많은 어머니는 스쳐간 인연들을 만나 기분이 좋으신가 보다.

"○○온다, 문 열어 드려라."

"……."

"상 차려라." 어머니 혼자 온종일 손님맞이에 바쁘시다.

몰라보게 줄어든 어머니의 몸피를 보는 자식들 마음이 편치 않다. 얼마나 견딜 수 있으실까? 불안한 마음을 숨기면서 어머니에게 노래를 불러달라고 했다. 어머니는 소싯적에 배운 일본

말로 중얼거리신다. 노래할 기분이 아닌 모양이시다.

"내가 말없이 조용히 있으니 만사가 태평인 줄 아느냐?"

"내가 죽을라 하면 가만 있어야겠지. 이제 더 살아야 할 답이 없잖아."

"내 나이 백 넷, 왜 안 죽고 있나?"

가슴이 철렁 내려앉는 말들을 불쑥 쏟아내신다. 자식들 마음을 다 알고 있다는 듯 눈을 감으신다. 올여름은 유난히 긴 더위로 모두 힘들었다. 더위에 약하신 어머니는 여름 내내 침대 위에서 선풍기와 보내셨으니 얼마나 답답하셨을까? 어머니의 외로움을 이해하지 못하는 자식들이 서운하기도 하셨을 것이다. 그래도 어머니는 늘 자식들 편인 듯, 붕어빵 하나 드시고도 노여움이 풀린 듯 환히 웃으신다. 내가 노년이 되었어도 어머니와 함께할 수 있음은 은총이고 소중한 순간들이다.

오늘은 어머니 104번째 생신이다. 매번 마지막 생신일지 모른다며 자식들이 모여 축하해 드렸다. 올해는 마침 다니시던 경로당에서 매월 합동 생일 파티와 겹친 날이다. 예쁘게 장식한 경로당에 떡과 감주, 과일, 케이크, 미역국과 잡채와 전을 부치고 잔치 상을 차렸다.

그런데 주인공인 어머니는 밤낮이 바뀌어 생일날 종일 주무시느라 불참하셨다. 이튿날 여러 어른들의 축하를 전하며 생신

케이크에 촛불을 밝히니 어머니 표정이 환해지셨다. 내년에도 생신 축배를 들 수 있을지? 하느님만 아시는 것. 우리는 오늘의 행운을 즐길 뿐이다.

하늘과 별과 모래

　친구 부부가 이집트여행 소식을 띄웠다. 겨울 동안 갇혀있던 몸과 마음이 열리는 춘삼월. 기다린 듯 떠나기로 했다. 똑순이 친구와 짝을 맞추니 더 신났다. 국토의 95%가 사막지대라 어미의 여정을 걱정하는 아들이 카톡을 보냈다. '하늘과 별과 모래를 느끼며 신의 존재에 더 가까이 가며 모든 인간에게 다가가기를' 생각이 닫혀 있는 내게 영감을 준다.
　기원전 이백오십만년 전에 형성된 사하라사막에서 이집트는 시작되었다. 그 후 나일강 유목민들이 몰려 기원전 삼천오백년부터 이집트문명이 형성되었다니 까마득한 세월이 묻힌 곳이다. 하지만 동식물도 살기 어려운 척박한 땅에 인간의 삶은 녹록지 않아도 주어진 자연을 품고 살아가는 듯 이집트는 느긋한 분위기다.

사하라사막의 한 부분인 동부사막을 달린다. 앞차가 일으킨 모래먼지를 피해 쫓기듯 달린다. 승객들이 엉덩방아를 찧고 휘청거려도 속력을 내니 긴장된 우리들은 혼비백산. 그래도 별 보러가는 길이라 즐겁기만 하다.

사막의 밤하늘은 온통 별천지. 고개를 들고 보는 것도 감질나서 모래 위에 누우니 자리다툼도, 부딪침도 없이 별이 반짝이고 있다. 이렇게 많은 별들을 그동안 왜 나는 보지 못했을까? 해와 달도 이 순간을 위해 잠시 물러난 것이리라. 유성 하나가 뚝 떨어져 자리를 옮긴다. 하늘자리에도 유효기간이 있나 보다.

이 땅에 머무는 동안이 삶이라면 영면 후에는 모두 하늘나라로 간다고 한다. 그렇다면 죽음 후에 나의 삶이 하늘 거울에 비치는 것일까? 지상의 화려한 곳보다 어두운 곳을 찾아 밝히는 별들은 누구에게나 사는 동안 꿈과 희망을 주고 있다.

별에 취한 동행들이 모닥불을 중심으로 모이니 잠시 이 땅을 밝히는 별인 듯 소중해 보인다. 앞서가는 젊은이들이 맨발로 모래언덕을 성큼성큼 걸어간다. 마음은 쉽게 뒤따라갈 것 같은데 모래에 묻힌 내 다리는 요지부동. 엉금엉금 기어가다가 주저앉았다. 풀 한 포기 자라지 못하는 이 땅을 딛고 살아가려면 얼마나 강인해야할까?

사막이지만 지상낙원인 듯 파라오 조세르가 초대 왕위에 오르면서 죽어서도 후손들에게 사랑과 관심을 받으며 역사의 증거물을 남기길 원했다. 환생 후 자손들과 함께 보낼 공간을 위해 두톤 반이나 되는 암석을 230만 개. 높이 146미터의 피라미드를 쌓았다. 그 후 왕들마다 가족들과 영생을 위해 세운 피라미드 백여 개, 그중 80여 개가 수천 년간 유지되었다. 죽은 후에 영혼이 돌아올 때까지 기다리고 있는 미라까지 세계인의 눈길을 끌고 있다.

영원한 안식은 아무도 모르는 신의 세계지만 그것을 축조하는 동안 얼마나 많은 노예들이 희생되었을까? 피라미드를 쌓고 남은 조각돌도 버리지 않고 탑의 보수용으로 곳곳에 보관해 두었다. 나는 그곳을 노예들의 안식처로 삼고 싶다. 심장이 깃털보다 가벼워야 저승의 세계를 갈 수 있다는데, 수많은 석공의 혼들은 노예에서 해방되어 바람처럼 자유로이 떠돌다가 돌조각 더미에 모여 별들의 위로를 받으며 쉴 것 같다.

수백만 년 동안 모래, 자갈, 암석을 이룬 자연과 인간의 지혜로 이룬 피라미드는 사막에서도 버틸 수 있다는 삶의 의지를 남긴 듯하다. 거대한 자연석에 사자와 젊은 여인이 한 몸이 되어 열두 궁을 이룬 스핑크스가 피라미드의 수호신으로 버티고 있다. 수천 년 세월 따라 얼굴은 파손되었지만 강인한 몸에 부드러운 여인의 마음은 후손들까지 지켜줄 것 같다. 날씬하고 예쁜 모습과는 거리가 멀지만 살아서 왕들을 보필하듯 죽어서도 가족 곁을 떠나지 못한 모성애는 어느 곳에나 변함없나 보다.

  모래바람에 머리와 온몸을 가리고 두 눈만 반짝이는 이 나라 국민들은 자연에 의해 강인해진 것 같다. 주위의 강대국들이 서로 목소리 높이며 영토다툼으로 불안하지만 척박한 이 땅은 지켜질 듯하다. 물질적인 여유는 없지만 어둠을 밝혀주는 별을 품은 이집트는 나일강을 기둥 삼아 언젠가는 사막의 오아시스를 찾을 것 같다.

수를 놓는 마음

덕수궁 국립박물관에서 자수공예 전시회가 열렸다. 기계수에 밀려난 자수들이 몇 가지나 될까? 별 기대 없이 갔는데, 네 개의 전시실을 꽉 채웠다. 요즘 보기 드문 작품들로 남녀노소 관람객들의 발길이 이어졌다.

해방되던 해에 ○○여대에 자수공예과가 설립되어 사십여 년 이어졌지만 지원자들이 없어 미대 섬유공예과에 통합되었다고 한다. 그 시절의 맥을 이은 자수 전공자들의 작품과 애호가들이 소장된 조선시대의 작품들을 모은 뜻깊은 전시회였다.

전통 자수의 변천사는 이천여 년의 세월을 품고 있지만 훼손되고, 현존된 자수는 19세기부터 20세기에 제작된 것이다. 조선시대 자수들은 황실에서 화원(畫員)이 그린 밑그림을 바탕으로 수방(繡房) 궁녀들이 수놓은 궁수(宮繡)와 민간 여성이 제작한 민수(民

繡)들이 있다. 자수는 실그림으로 자신의 권리를 주장할 각오로 세상의 길을 단단히 딛고 일어서는 근대여성의 자존감을 일깨운 기록들이었다.

　전시관에 들어서는 순간 영상 속의 여인이 수를 놓고 있다. 머리카락 한 올 흐트러짐 없는 단정한 매무새로 팽팽하게 조여진 수틀 앞에 앉아 마음을 모은다. 두 손이 수틀 앞뒤 나누어 한 뜸 한 뜸 밑그림 따라 바늘이 오르내렸다. 오로지 정적만이 그들을 감싸고 번뇌를 잠재우며 혼을 심는 듯 침묵이 감돌았다.

　고운 명주실로 매화꽃과 목련꽃 피울 때는 꽃잎이 다칠세라 숨소리도 멈춘 듯하다. 작약과 목단꽃에는 자신의 영혼에 향내를 품은 듯 화사하고 곱기만 하다. 때로는 젊은 날의 자화상을 수놓으며 하늘을 향해 자신의 바람을 신에게 염원했으리라.

　부, 귀, 수, 복(富. 貴. 壽. 福)을 비는 수심(繡心)의 세계는 그들의 꿈이 이루어지기를 신을 향한 자신의 혼을 심어가는 예술이었다. 잠시라도 분심이 생겨 바늘의 방향이 어긋날 때는 다시 풀어 제자리를 찾아간다. 때로는 완성된 작품이라도 수심이 흔들리면 냉정하게 면도칼로 찢어버리고 다시 초심으로 돌아가 수틀을 잡은 세월이 수십 년 묻혔으리라.

　전시관마다 시대의 흐름에 따른 작품들이 조금씩 변모해갔다. 재료와 구성들이 복잡하고 다양해졌다. 여러 가지 섬유들로 대담하고 규격과 법칙을 벗어나 자유롭게 개성을 표출하였다. 기교적인 완벽성을 떠나 자신의 특성을 살려 예술의 다양한 길을 넓혀갔다. 여성들이 적극적인 사회인으로 일어서며 자신의 개성과 권리를 주장하게 된 것은 자수를 놓는 여인의 인내력이 밑거름이 된 듯하다.

어쩌면 글을 쓰는 과정도 다르지 않으리라. 펜을 들고 욕심과 허영을 잠재우며 자신의 마음을 담는 시간의 소중함이 되새겨진다. 진솔한 글을 쓰려고 수십 번 지우고 다듬어도 마음대고 풀리지 않을 때면 펜을 던져버리고 싶다. 하지만 다시 초심으로 돌아가라는 신호인 원고지와 펜이 나를 바라본다.

바늘에 찔리는 아픔을 인내하며 수를 놓는 여인과 글을 쓰는 내 모습이 오버랩된다.

기일 풍경

 남편의 세 번째 기일이다. 추도식과 함께 영전에 술 한잔 올리는데 눈물이 갑자기 흐른다. 식구들 앞에서 눈물을 보이지 않으려 애쓴 삼년 간의 내 마음이 일순간 무너진 것이다.
 그는 코로나로 면회가 금지된 때 입원한 후 한 달 만에 우리 곁을 떠났다. 그가 죽음과 사투를 벌이던 그 와중에 아들에게 마지막 기력으로 보낸 카톡 글이 새삼스레 가슴을 친다.

> 아들아! 아버지가 너무너무 고맙고 기쁘구나.
> 지나온 날 너를 걱정하고 마음이 불편했단다.
> 고맙다. 아버지 곁으로 돌아온 듯하여
> 이제 아버지는 마음이 놓이는구나.

 곁을 지킨 아내도 모르게 아들에게 띄운 유언의 글이다. 아들은 이 글을 소중히 품고 있다가 삼년상을 맞은 날 내게 말없이 보내주었다. 어미의 외로운 마음이 진정되기를 삼년을 기다렸는가. 나는 꼭 하늘에서 보낸 그의 소식인 듯 눈물을 참을 수 없었다.

그가 병원에 입원하던 날. 우리 가족은 이삼 일 치료 받으면 퇴원할 것으로 믿었다. 갑자기 상태가 악화되어 영원한 이별을 할 줄 생각조차 못했다. 아들도 아버지의 카톡을 받을 때만 해도 곧 평소처럼 건강한 모습으로 뵙게 되리라 믿었다고 했다.

두 아들은 70년대 생이다. 대한민국이 고속도로와 건축 개발이 한창이던 때였다. 임신 초부터 태명을 부르며 태아의 숨소리를 듣고, 태교에 좋은 환경을 찾는 요즘과는 거리가 먼 시절이었다. 산아제한을 권장하던 시대였으니, 아기가 태어나도 아버지는 일터로 나가야 했다.

아버지는 새벽같이 현장으로 전국을 눈코 뜰 새 없이 돌아치다 밤늦은 시간이 되어야 겨우 집에 왔다. 때로는 며칠씩 집을 떠나 직장에 묻혔다가 늦은 밤에 돌아오니 아이들의 잠든 모습만 볼 뿐이었다. 그러니 아이들도 어쩌다 보는 아버지의 얼굴이 낯설었으리라. 가족들이 함께 공휴일과 휴가를 보내는 것은 꿈도 못 꾸었다.

지방으로 건축현장을 돌 때는 한 달에 한두 번, 해외로 떠나면 해를 넘겨 집에 들르는 동안 쑥쑥 자란 아들의 모습도 아버지에게 낯설었을 것이다. 아버지의 품에 안겨 본 기억도 없이 유아기를 보낸 아들과 다감하지 못했던 아버지와의 거리. 그러니 늘 조심스러웠으리라. 어쩌다 함께 밥상에 마주 앉았을 때면 나라도 분위기를 띄워보려 애썼지만 별로 나아지지 않았다. 숟가락질만 열심일 뿐 서로 말이 없었다.

퇴직 후 남편은 두 아들을 분가시키고 허전한 마음을 손주들 자라는 재미로 버티는 듯했다. 새 식구들이 늘면서 남편은 젊은 시절 아들에게 못다 준 정을 손주들에게 쏟았다. 알고 보면 그는 자상한 성품이었다. 그런데 그마저도 길게 누리지 못하고 아쉽게 떠난 것이다.

이제 중년이 된 두 아들은 아이들을 키우면서 장손인 아버지의 무거웠던 책임감과 외로움도 이해할 것이다. 아버지가 마지막 남긴 말이 아들에게 함께하지 못해 서운하고 멀게 느껴졌던 지난날들을 따뜻하게 녹여내리라 믿는다.

삼촌, 조카, 손주들과 밥상에 둘러앉는다. 내 눈물로 인해 잠시 숙연해졌던 분위기를 오랜만에 만난 가족들의 웃음소리가 밀쳐낸다.

영전 속 남편이 흐뭇하게 식구들을 바라보고 있다.

강신규

보잘것없는 글이다.
삶에 도움이 되는 글도 아니다.
나는 흙을 밟고 현재를 살고 싶다.
그럴 수 있으면 글은 쓰지 않아도 된다.
그러지 못해서 남긴 것을 책에 옮겼다.

누군가 혹은 무엇인가 죽은 후에 적은 것이 많다.
제목은 여기에서 따왔다.

사라짐 / 드러남

슬픈 시래깃국

외사촌이 죽었다. 외사촌은 외가의 장손이었다. 이 사실은 외할머니에게 비밀이었다. 외사촌이 해외 파견 나갔다고 거짓말을 했다.

일년이 지나고 외할아버지가 돌아가셨다. 이모는 큰 결정을 했다. '슬픔은 한 번에 겪는 게 낫다'라는 것이다. 할아버지 장례를 마치고 식구들이 한자리에서 저녁밥을 먹을 때, 이모가 할머니에게 사실을 말했다.

"엄마, 동일이 죽었다."

할머니는 입이 크게 벌어진 상태로 굳었다. 할머니의 까만 목구멍에서 '꺽꺽' 소리가 새어 나왔는데, 마치 배 속에 까마귀 한 마리가 울고 있는 것 같았다. 할머니는 그렇게 한참을 울고는 손바닥으로 흐르는 눈물을 꾹꾹 눌러 다시 눈 안으로 밀어 넣었다.

울음을 그친 할머니는 밥상을 반 바퀴 돌아 외삼촌 앞으로 성큼성큼 갔다. 나는 할머니께서 외삼촌을 때리려는 줄 알았다. 할머니는 외삼촌 앞에 앉아 밥숟가락으로 밥을 크게 떠 시래깃국에 말아서 외삼촌 입으로 가져갔다.

"먹어라 먹어. 니 밥도 못 먹고 있지? 내 맘이 이런데 니 맘은 어떻겠노. 먹고 일어서라."

외삼촌은 눈물 콧물을 줄줄 흘리며 할머니가 떠 주는 밥을 어린아이처럼 받아먹었다. 나는 내 앞에 놓인 시래깃국을 쳐다보았다. 된장이 가라앉은 시래깃국은 맑았다.

이것이 '세상에서 가장 슬픈 시래깃국이구나.'*

---

*그 후 할머니는 나에게 말했다. "손자 죽어 슬픈데 울지도 못한다. 영감 죽어 운다고 그럴까 남세스러워서 주변에 말도 못하고 울지도 못한다."

둘째 삼촌 기억

1

내가 태어나기 전의 일이다.

삼촌은 집안 장손 출생 소식을 멀리서 들었다. 이 소식에 삼촌의 얼굴이 환해진다. 아무런 고민 없이 삼촌은 시장에 달려가 미역 한 뭇을 산다. 사람 키 만한 마른미역은 뻣뻣하고 운반이 불편하다. 미역을 반으로 접어서 나르면 그만이다. 그렇다고 미역의 맛이나 영양이 덜하지 않다. 하지만 삼촌은 일종의 미신을 믿고 싶다. 삼촌의 기쁨과 감사와 축하는 고스란한 미역 한 뭇에 달려있어서 이걸 접을 수 없다. 삼촌이 기차를 탔는지 버스를 탔는지는 모른다. 나는 다만 미역 크기 만한 삼촌의 웃음과 행복을 상상한다.

2

우리 집안은 차례, 제사, 혼례, 장례만 있었다. 국가에서 지정한 어린이날이나 크리스마스는 없었다. 그런 날은 그냥 하루 종일 TV를 보는 휴일이었다. 나는 그날을 정확히 기억한다. 12월 24일 초등학교 3학년 때다. 삼촌이 전농동 태양아파트에 방문했고, 마루 소파에 앉아서 형과 나를 불렀다. 석탄 손난로 두 개를 꺼내 형과 나에게 하나씩 주었다. 그리고 소년중앙 1년 구독을 해 놨으니 매달 집으로 배달될 것이라고 말했다. 나는 늘 삼촌이 무서웠고 눈을 마주칠 줄도 몰랐다. '고맙습니다, 감사합니다', 말도 못했다.

진정한 선물에는 놀라움과 기쁨이 담긴다. 예술작품 앞에 서면 비슷한 경험을 할 수 있다. 고상한 사람들이 고상한 말로 '경이롭다'고 한다.

손난로는 내가 받은 최초의 경이로운 선물이었다.

이 기억은 내가 삼촌에게 서운하거나 미운 마음이 들 때 나를 달래 주게 된다.

3

어떤 경위였는지 모르겠는데, 삼촌과 나는 그랜저를 타고 마포집으로 가고 있었다. 삼촌은 운전을 하다가 어딘가 전화를 했고 나의 귀로 돈 얘기가 들렸다. 돈 빌리고 갚지 않는 지인과의 통화임을 나는 감지했다. 따지고 욕하고 큰소리 칠만한데도 삼촌은 예의를 지켰다. 한강대교를 지날쯤 삼촌은 전화를 끊었다. 삼촌이 걱정되었지만 나는 어렸고 감히 말을 꺼낼 수 없었다. 그 돈을 받았는지 나는 모른다. 삼촌은 그 일을 잊고 있을 것이다.

4

 삼촌이 나를 미워했다. 나를 버르장머리 없는 놈이라고 했다. 나는 그렇기는 하더라도, 그렇기만 한 건 아니라고 생각했기에 나 역시 억울했다. 중간에 낀 엄마만 불쌍했다. 나는 이 관계를 방치했다. 그리고 아버지가 돌아가셨다. 가장 슬픈 사람이 누구일까 주변을 둘러봤다. 어머니가 보였고 삼촌이 보였다. 삼촌은 대기실 한 켠에 꼿꼿이 옷걸이처럼 서서 딸꾹질을 하는 것처럼 어깨를 툭툭 털고 있었다. 참으로 감정표현에 미숙한 집안이다. 나의 아버지 죽음은 삼촌에게는 형의 죽음이다. 나는 삼촌의 슬픔에 끌려갔다. 나는 나대로 울었고, 삼촌을 대신해서 울었다.

5

삼촌이 보고 싶었다. 벨을 눌렀다. 문이 열리고 삼촌이 서 있었다. 아직은 어색한 관계였다.

"왔나? 밥은 먹었나?"라고 삼촌은 마치 내가 이 집을 매일 드나드는 식구를 대하듯 말했다. 삼촌과 나는 소파에 나란히 앉았지만 많은 이야기를 하지는 않았다. 심심한 나는 소꼴을 베는 어린 삼촌을 상상하고 있었다. 그때 작은어머니께서 들어왔고 삼촌과 나는 동시에 반가워 벌떡 일어났다.

6

새해 들어 1월 1일 작은아버지를 뵈었다. 작은아버지께서 아프신 몸으로 마포 큰집까지 오셨다. 그때도 나는 몰랐다. 곧은 허리와 차분한 표정에서 나는 삼촌의 병세를 읽지 못했다. 2월에 삼촌은 일주일 병원에 누웠고, 이틀 요양원에 있다가 2025년 2월 10일에 사망하였다. 나는 시간이 남아있을 것으로만 생각했다. 오늘 낮에 입관이다. 이것이 마지막이다.

나는 삼촌과 마지막이고, 삼촌은 세상과 마지막이다.

삼촌은 늘 고향 문경이 가까워오면 자동차 창문을 열면서 말했다.

"여기 오면 코가 탁 트인다."

삼촌의 유골을 문경으로 가져갔다. 유골을 들고 산을 오르는데 눈이 날렸다. 나는 할머니 무덤을 지나며 크게 말했다.

"할머니, 둘째 아들 왔다. 그런데 죽어서 왔다."

나는 또 아버지 무덤 앞에서 크게 말했다.

"아버지, 동생 왔다. 그런데…."

나는 울음을 참느라 말을 다 마치지 못했다.

삼촌의 유골은 나의 아버지 무덤 옆에 나란히 묻혔다.

할머니

1

 그녀는 자식을 사랑했고 자랑했다. 현대차 포니2를 몰고 산을 넘으면 조용한 시골길에 먼지가 오르고 금속이 부딪히고 연료 타는 소리로 요란하다. 이 진동과 울림은 멀리 간다. 그녀는 밭에서 일하다가 기계소음을 감지하고 허리를 펴고 암탉처럼 고개를 들어 사방을 돌아본다. 그리고 빠른 걸음으로 밭을 가로질러 길가로 나온다. 자동차의 속도와 맞먹는 그녀의 걸음은 기괴했다. 우리가 만나는 지점은 선 두 개를 그어 직각으로 접하는 꼭지점이다. 아마 아버지도 차의 속도를 할머니 뜀박에 맞춰서 조절했을 것이다. 가족은 늘 논길 옆에서 상봉했다.
 금포 마을로 진입하는 그 길 왼편에 당시에는 논과 강이 있고 오른편은 산이다. 할머니는 밭에서 달려오던 선을 연장한

오른편 낮은 산에 묻혔다. 그리고 20년이 지나 아버지도 그 옆에 묻혔다.

2

할머니는 나를 지극히 사랑하진 않았다. 딸린 식구나 하인처럼 여겼다. 나는 머슴의 의무를 했다. 할머니가 서울 가자면 차를 몰고 모시러 갔고, 집에 가자면 다시 차를 몰고 금포로 갔다. 할머니는 뒷자리 상석에 앉아서 덕담 한마디 없이 코를 골며 주무셨다. 금포에서 서울로 올라올 때는 메주, 시래기, 호박, 쌀을 날랐는데 작물에서 풍기는 흙냄새와 비료 인분냄새가 차 안에 오래 배었다.

3

내가 어릴 때 우리 집엔 식구들이 많았다. 촌수도 모르는 친척들이 한두 명씩 방 하나를 차지하고 한두 달 기거하다가 서울살림이 준비되면 인사도 없이 사라졌다. 나는 그들이 오는지 가는지 몰랐고, 오늘부터 당분간 아래층 방에서 지내라는 명만 받았다. 아래층 방에는 할머니가 머무셨다.

나는 할머니와 같이 한 이불을 덮고 잤다. 할머니 등에서 흙냄새와 풀냄새가 많이 났고, 나는 이 냄새가 싫었다. 나는 시골냄새난다고 입 밖으로 말했다가 아버지에게 크게 혼이 나기도 했다.

어느 밤, 귀신꿈을 꾸다가 깨어난 나는 너무 무서워서 "할머니, 할머니" 부르며 할머니 어깨를 흔들었다. 할머니는 깨지 않고 코를 골기만 했다. 나는 할머니 깨우기를 그만 두고 할머니 몸에 등을 대고 돌아누워 눈을 감았다. 할머니 코 고는 소리에 맞춰서 숨을 들였다 내었다. 나는 마음이 진정되고 다시 잠들었다. 아침에 일어나면 나 혼자 방에 있었다.

4

할머니가 돌아가셨다. 의사의 소견은 위암이었다. 담당 의사가 절차상 사무적으로 낸 의견이었다. 할머니는 사실 만큼 사셨다.

장례는 서울에서 치렀다. 병원에서 장례식장으로, 또 성당으로 관을 옮기면서 할 건 다 했다. 남은 일은 관을 금포로 옮기는 것이다. 나는 운구차 뒤를 운전해서 따라갔다. 문경 영순면까지는 평지다. 마지막에 꼬불꼬불 산 두어 개를 넘으면 금포 고향이다.

운구차는 앞서 천천히 산을 넘어가고 있다. 나는 뒤에서 천천히 운전했다.

이 길은 이웃마을 젊은 처녀가 시집간다고 처음 걸었던 길이다. 그 길로 그녀는 할머니가 됐고 손자를 봤고 살아서 실컷 다녔다. 이제는 죽어서 마지막으로 산을 넘는다. 그녀는 이 길로 다시 돌아오지 못한다.

5

할머니 장례를 모두 마쳤다. 고모가 나에게 주문했다.

"할매방에 있는 옷장 내다가 태워라."

나는 지게를 지고 옷장을 강가로 날랐다. 강가 주변은 풀이 없고 모래사장이다. 불을 피워도 안전했다. 이걸 태워 연기로 날리면 하늘에서 할머니가 다시 사물로 조립해서 사용하시나 보다. 나는 최대한 재가 날리지 않게 태웠고 어쩔 수 없이 남은 것은 모래에 슬쩍 묻었다.

어머니

  나의 어머니는 귀가 어둡다. 젊은 시절부터 귀가 잘 안 들리던 어머니는 당신의 꿈과 노력을 내려놓아야 했다. 그렇다고 지금 어머니의 모습이 당신의 이상과는 다른 방식으로 변했다고 생각하지 않는다. 어머니는 종교적인 인간 이상향을 추구하였기 때문이다.
  나는 어머니의 귀 어두움에 단 한 번도 불평하지 않았다. 나는 천천히 말하기를 익혔고, 문장 바꿔 말하기에 능숙해졌다.
  말을 많이 한다고 소통이 되는 것이 아니다. 나는 오히려 소통이 어려운 사람들이 더 많다. 어머니의 흐린 청력은 나와의 소통에 장벽이 아니다.

외할아버지

1

　할아버지 글을 다시 읽는다. 할아버지는 몸으로 겪은 것을 글로 남겼다. 머리로 지어낸 이야기가 아니다. 예를 들어, '역병이 돈 마을에 시체가 쌓여 있다'고 쓸 수 있지만, 이 말에는 관찰이 없다. 시체는 쌓이지 않고 흐른다. 그 장면을 실제로 본 사람은 '시체가 쌓여 흐른다.'라고 쓸 것이다.
　할아버지 책에는 이런 문장이 있다.
　'광복 후 일본에서 한국으로 배를 타고 바다를 건너왔다. 바다에는 죽은 시체들이 떠있다. 시체들을 눈여겨보니 신기하게도 남자는 모두 엎어져 있고 여자는 하늘을 향해 있어 멀리서도 남녀가 구분이 되었다.'
　나는 이 문장을 읽고 할아버지 젊음과 처절함으로 들어갔다.

2

 서울 아파트에 진돗개를 키웠다. 개는 몸이 커졌다. 집이 개를 감당할 수 없었다. 개는 마당이 있는 대구 집으로 이사했다. 어느 날 할아버지께서 서울 집에 오셨다. 나를 앞에 앉히시고 말씀하셨다.

 "개가 죽었다."

 나는 방으로 뛰어 들어가 이불에 엎드려 울었다. 한참 있다가 거실에 나와 보니 할아버지는 자세를 바꾸지도 않고 그 자리에 앉아있었다. 할아버지께서 미안하다 하셨다. 나의 어린 기억은 거기까지다. 이후 무슨 일이 있었던지 모른다. 할아버지는 전화로 전할 수 있는 소식을 전달하려 서울로 오셨다. 손자의 슬픔에 같이 계시고 싶으셨던 모양이다.

2025년 4월 18일~20일

부고
내가 가장 사랑하는 사람이 오늘 죽었다.
나도 이제 할머니가 없다. 숨만 쉬어도 눈물이 난다.
장례식장으로 가는 길에 세상이 흑백이다.

입관
할머니가 정말로 죽어서 관 속에 누워있었다. 나는 할머니가 나 죽을 때까지 살아 있을 줄 알았다. 할머니 몸이 작았다. 저 몸으로 세 아들과 두 딸, 열 손자를 업어 키웠다. 그러니 저렇게 작아지셨지.
할머니 얼굴은 맑고 깨끗해서 '할머니' 하고 부르면 눈을 뜰 것 같았다. 할머니 볼을 만지며 조심스럽게 말을 걸었다.
"할머니, 잘 가세요."
할머니는 눈을 뜨지 않았고, 대답도 없었다.

화장

작아진 할머니가 뜨거운 불 속에 들어갔다. 불에서 꺼낸 할머니는 형태도 없는 뼛조각으로 변했다. 분골을 하고 두 겹 첩지에 부어 착착 얌전히 접으니 그 모양과 크기가 딱 한약 한 첩이다. 나는 약 달이던 할머니 뒷모습 기억에 또 눈물이 주르르 흘렀다. 할머니가 한약 한 첩이 되었다.

추도

할머니 등이 자꾸 생각난다. 나는 얼마나 많은 날과 밤을 할머니 등에 붙어 잠을 잤을까. 숙박비라도 내야 할 판이지만, 이 모든 것이 나에게 공짜였다. 기억이 아니고 내 몸에 새겨진 감각이다. 내 왼쪽 볼이 할머니 옷의 보풀에 가렵다.

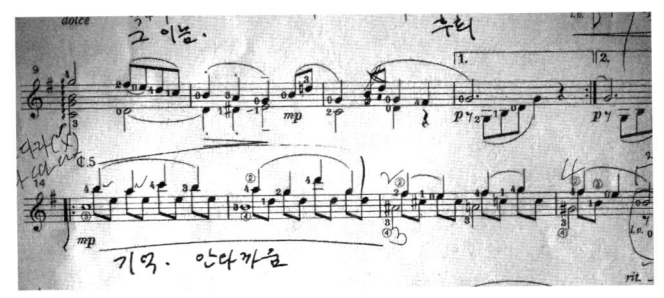

⟨Hibiki - Hirokazu Sato⟩

마지막 드라이브 샷

 아버지는 골프를 치셨다. 아버지는 돌아가셨다. 죽은 사람은 골프를 치지 못한다. 그러니까 아버지는 죽기 전에 마지막으로 골프를 친 날이 있었다. 아버지는 그날이 마지막 골프 라운드가 될 줄 몰랐을 거다.
 나는 그날 그 자리에 없었다. 다만 상상한다.
 아버지의 마지막 드라이브 샷.
 그 마지막 볼이 바르게 포물선을 그리며 날아갔다. 아버지는 기쁜 티를 못 내고 가볍게 웃으시며 팔뚝에 남아있는 묵직한 저림을 느낀다. 그의 마지막 드라이브 샷은 그랬다. 그 옆에 내가 두 팔로 만세를 부르고 벙벙 뛰면서 소리친다.
 "아버지 나이스 샷!"
 이것이 아버지의 마지막 드라이브 샷이다.

개 이야기

 13년을 키운 개가 죽었다. 개는 마당 화단 깊이 숨어 죽어서 하루 동안은 밖에 도망갔나 싶었다. 개는 자기 죽기를 어떻게 알고 평소 가지 않던 화단 구석에서 옆으로 누워 죽었을까.
 나는 개를 고향 산에 묻기로 결심했다.
 일단 개를 쌀자루 두 개를 맞대어 감싸서 자동차 트렁크에 실었다. 죽은 개는 무거웠다. 여름 날씨에 내장이 상한 개는 코에서 진득한 피를 흘렸다. 죽은 개는 무서웠다. 사촌이 같이 나섰다.
 죽은 개를 싸들고 산을 오르는 일이 고되었다. 자꾸 발이 흐르고 개를 싼 쌀자루가 손에서 미끄러졌다. 전혀 예상하지 못했던 어려운 일은 산꼭대기에 있었다. 나무뿌리가 밧줄처럼 얽힌 땅을 팔 수가 없었다. 삽이 튕기고 곡괭이가 옆으로 꺾였다. 나는 고개를 돌려 사방을 빠르게 둘러봤다. 나무뿌리 그물이 산을 장악하고 있었다. 개를 싼 포대기 한쪽이 빨갛게 물들고 있었다.

"내려가자."

개를 안고 다시 산 아래로 내려왔다. 어디에 자리가 있을까 둘러보다가 어린 감나무 아래 주변에 붉은 흙이 보였다. 금방 심은 감나무 주변은 흙이 보슬보슬해서 손으로도 땅을 팔 수 있을 것 같았다. 감나무 주인에게 미안했지만 개를 그곳에 묻었다.

일년이 지나고 감나무 아래를 찾아보았다. 하지만 나무는 자라고, 비슷한 나무들이 줄지었고, 산의 형세가 변해서 묻은 곳을 다시 찾을 수 없었다.

개가 나에게 고맙다고 말해줬으면 좋겠다. 개는 말을 못한다.

그때 배운 것.

1. 죽은 개는 무겁다.
2. 죽은 개는 무섭다.

3. 산에 구덩이 팔 생각마라.
4. 산에 돈을 숨기지 말아라.

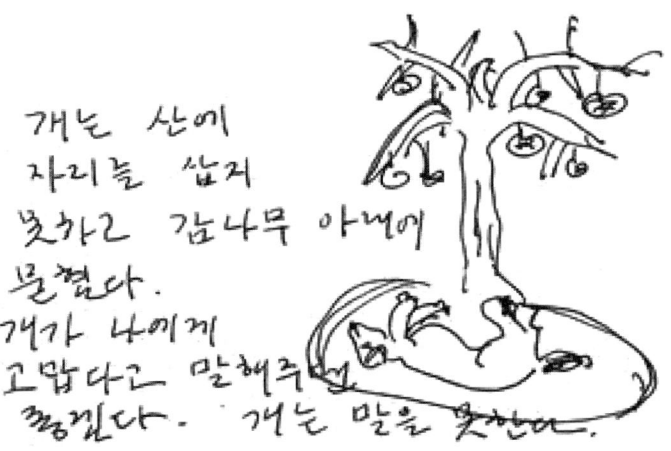

개는 산에
자리를 삽지
못하고 감나무 아래에
묻혔다.
개가 나에게
고맙다고 말해주면
좋겠다. 개는 말을 못한다.

강윤민의 글[*]

    할아버지는 작은 나무 상자에 들어가셨다. 작은 상자에 커다란 할아버지가 들어가신 걸 보니 할아버지께서 많이 아프셨나 보다.
    삼촌과 나는 나란히 서서 할아버지 나무 관이 불속으로 들어가는 것을 보았습니다. 눈물이 나고 무섭고 슬펐지만, 내가 사랑하는 할아버지 곁에 있는 마지막 시간이라서 그 자리를 지켰습니다. 조그만 창으로 불이 번쩍였습니다. 너무 놀랐습니다. 나는 공기를 입 안에 담았지만 숨이 목구멍으로 넘어가지 않았습니다. 삼촌이 나를 돌려 안아 눈을 가려 주었습니다. 삼촌의 팔 힘이 내 몸에 느껴졌고 나는 파르르 떨리는 눈을 꼭 감고

---

[*] 윤민은 내 둘째 삼촌의 손자다. 장례 중 윤민을 위로하려고 그와 함께 글을 썼다.

기다렸습니다. 조금 있자 삼촌 팔 힘이 풀리고 나는 이제 끝이 난 줄 알았습니다. 하지만 나는 차마 고개를 뒤로 돌릴 수 없었습니다. 할아버지는 연기가 되어 하늘로 가셨습니다.

읽지 못한 편지

From: 수린*

나의 최초의 기억입니다.

할아버지는 나를 앞에 앉히시고 손수 생밤을 깎아 주셨습니다. 할아버지가 깎은 밤은 각이 진 조그만 조각 같았습니다. 밤을 하나 받아 입에 넣고 깨면 '다다닥' 머리가 울리는데 이 소리는 나만 들을 수 있었습니다. 겉은 차지만, 속이 촉촉한 밤은 단맛이 납니다. 이 맛도 나만 알 수 있습니다. 나는 웃습니다. 할아버지도 웃습니다.

"할아버지는 왜 웃어요?"

**수린은 내 삼촌의 손녀다. 수린이 구술하고 내가 대필했다. 할아버지 입관 때 전하려 했지만 읽지 못했다.

외갓집에 서재가 있습니다. 그 방의 모든 물건과 가구는 나보다 오래된 것들입니다. 한자리를 오래 지키고 있던 서재의 사물들을 가만히 보고 있으면 시간이 쌓인 냄새가 납니다. 공기에도 무게가 있다는 것을 그 방에 들어가면 알 수 있었습니다. 이불처럼 나를 누르는 방의 기운에 나는 졸음이 올 듯 마음이 편해집니다. 옆으로 누워 숨을 쉬면 배가 불러옵니다. 냄새에도 무게가 있기 때문입니다. 나는 이제 방을 나가야 합니다. 서재의 고요한 시간과 질서가 나의 침범으로 흐트러질까봐 그 방에 오래 있지 않았습니다. 그리고 그 방은 내 방이 아닙니다.

어느 날 외가를 다시 찾았을 때 방문에 붙은 조그만 메모가 보였습니다.

'수린이 방'

할아버지는 나에게 작은 우주를 선물해 주셨습니다.

나는 밤 맛을 기억하고, 서재를 기억하고, 할아버지를 잊지 않고 기억합니다.

잊을 수 없는 기억

1

 형과 나는 삼촌을 사이에 두고 마루귀틀에 앉았다. 비가 내렸고, 마당 군데군데 물이 고여 있었다. 삼촌은 개구리 한 마리를 잡았다. 왕만두만한 개구리였다. 삼촌이 다섯 개 손가락으로 개구리 다리를 하나씩 손가락 사이에 끼어 잡으니 개구리 다리가 남김없이 배 뒤로 젖혀졌다. 개구리 하얀 배가 팽팽하게 부풀었다. 삼촌이 오른손에 든 식칼로 아랫배를 톡 치자 개구리 뱃가죽이 살얼음 갈라지듯 목 아래까지 쭉 벌어졌다. 그 안에 허파 두 개가 벌렁거렸다. 빨간 심장이 오무락거렸다. 삼촌은 칼끝으로 한쪽 허파를 찔렀고, 그것은 풍선껌 터지듯 순식간에 사라졌다. 나는 간이 콩알만해졌지만 개구리에서 눈을 떼지 못했다. 삼촌은 더 이상 보여줄 것이 없던지 개구리를 담너머로 던졌다. 나의 눈은 포물선을 그리며 비행하는 개구리를 따라갔다. 개구리는 여전히 살아있어서 날아가면서도 다리 네 개를 파닥였다.

그날 밤, 나는 배가 찢어진 개구리가 흙길에서 기어갈 때의 고통을 상상했다. 골목을 지날 때면 그 개구리가 아직 살아서 기고 있는지 조심조심 둘러봤다.

개구리는 닭이 먹었고, 닭은 우리 식구가 먹었을 것으로 생각을 마무리했다.*

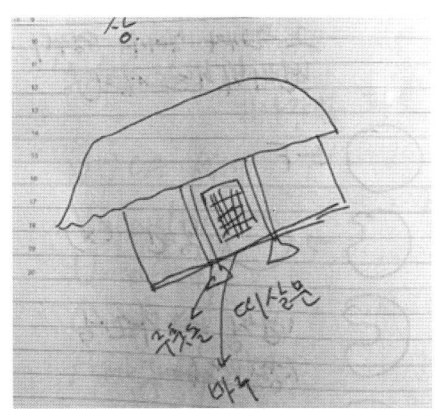

---

*이 글을 책에 싣기 전에 삼촌에게 물었다. 삼촌은 좋다고 했지만 설명이 좀 있었으면 바랐다. 당시에는 그랬다. 초등학교 교실에서 개구리나 조개를 칼로 열어봤다. 열 살배기 아이들에게 왜 그런 실습을 시켰을까. 아이들을 모두 채식주의자로 만들려고 한 걸까.

2

 삼촌, 고모, 나, 셋이 논두렁을 걸었다. 내가 알던 고모는 목소리가 높고 염소처럼 고집 쎈 어른이었다. 삼촌은 섬세하고 용감한 어른이었다. 두 어른과 한 어린이가 논두렁을 걸었다. 그때 뱀이 스르르 길 위로 기어 나왔다. 고모는 놀라고 무서워서 삼촌 등 뒤에 숨어서 고함을 질렀다. 나도 무섭기는 마찬가지였는데 그 공간의 공포는 고모가 모두 독차지해서 나는 무서워할 경황조차 없었다. 삼촌은 축구공을 차듯 오른발로 뱀을 논으로 날렸다. 그러고도 고모는 삼촌 등 뒤에 매달려 얼굴을 숨기고 다리를 덜덜 떨었다.

 파란 하늘 아래에서 펼쳐지는 두 사람의 난리를 나는 서너 걸음 떨어져 구경을 했다. 길 위에 핀 흙먼지는 바람이 없어서 얕게 오래 머물렀다.

 당시에 내가 어른으로 여겼던 삼촌과 고모는 어른이 아니었다. 고모는 스무 살 처녀였고, 삼촌은 막 제대한 청년이었다. 게다가 어른이 된다고 꿈틀대는 뱀을 발로 찰 수 있는 것도 아니다. 나는 어른이지만 뱀을 보면 도망간다.

 나는 어른과 아이의 구분은 무서움이라고 알았다. 어른은 두려움이 없어서 밤길도 혼자 걷고, 낮에 손이 베어도 울지 않는다고 생각했다.

어른이 되어보니 어른이나 아이나 똑같다.

무섭고 아프다.

3

아버지가 모는 차를 타고 문경 가는 길. 앞좌석에서 아버지와 삼촌이 나누는 대화였다.

"누구 집 아기인가?"

뒷자리에 앉은 나는 차가 길 모퉁이를 돌 때, 차 창밖으로 돌무덤을 보았다. 마을에서 아기가 죽으면 산에 오르지 못하고 감나무 아래 작은 돌무덤을 만들어 묻었다. 햇볕을 받고 있던 무덤은 따뜻하지도 차갑지도 않게 느껴졌는데, 아기가 받들기에는 돌이 날카롭고 무거워 보였다. 아기가 돌무덤 아래에 있다가 밤이 되면 그 영혼이 돌 틈으로 빠져나가 마을을 돌다가 새벽이 오기 전에 다시 돌 틈으로 연기처럼 들어가는 것이 내 눈에 보였다.

외할머니 · 1

 나에게는 할머니의 기억이 많다. 나는 모두가 그런 줄로 알았다. 누구에게나 할머니가 있으니까. 나중에 이것이 나만의 특이한 경험이라는 것을 알았다.
 할머니는 연세가 많다. 나이 세는 것이 번거롭고 민망할 정도다. 백 살 이후로는 더 이상 카운트하지 않고 그냥 백 살이다.
 할머니 몸은 겨울 나뭇가지 같다. 껍질이 마르고 파삭해서 죽은 듯하지만 줄기는 물과 생명을 품고 있다. 할머니에게 다시 봄이 찾아오지는 않을 것이다. 다만 긴 겨울이 끝나지 않는다. 나는 그 겨울의 끝은 생각하지 않는다.
 할머니는 점점 기억이 줄어든다. 나에게 아들딸이 있는지 잊었고, 내가 결혼한 것을 잊었고 나는 이십 대 철부지가 되었다. 그리고 나는 밥도 혼자 챙기지 못하는 어린아이가 되었다.

이상하게도 할머니의 지워지는 기억만큼 나에게는 오랜 기억이 떠오른다. 할머니의 기억이 나의 머리로 이사하는 듯하다. 그 기억에는 항상 물이 있다. 마당 연못, 뒷산 개천, 파동 수영장, 차가운 타일이 깔린 욕실, 무거운 보리차 주전자. 그리고 눈물. 할머니의 눈물, 나의 눈물.

할머니는 나를 보고 내 앞에서 눈물을 많이 흘렸다. 할머니는 눈이 작은데 눈물이 끊임없이 흘렀다. 늘 내가 안쓰럽고 소생으로 보였다.

나는 할머니 눈물로 컸다.

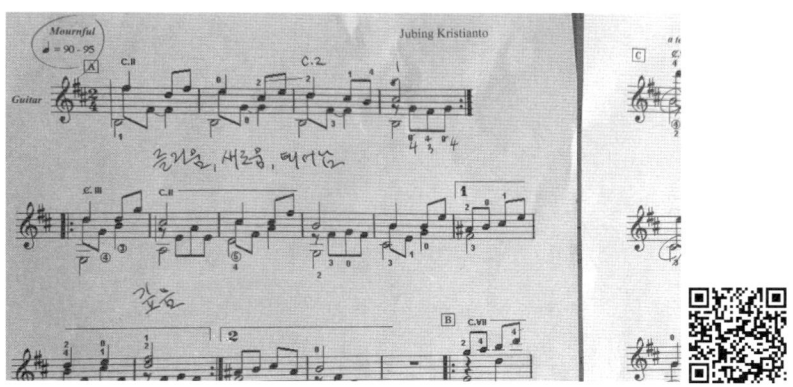

⟨Amelia - Jubing Kristianto⟩

외할머니 · 2

할머니는 글을 잘 썼다. 원고지 10장 분량도 앉은 자리에서 써내려 갔다. 할머니에게 노동은 많고 말씀은 적었으니 글로 남기고 싶은 것이 얼마나 두둑했으랴.

할머니는 지금 누워 있다. 10년 가까운 침대 생활에 할머니는 언어를 조금씩 잃는다. 지금은 10개 정도 단어만 사용한다.

누고, 그래, 가지마라, 애미, 애비, 아프다, 덥다, 아니다, 갈란다.

"갈란다, 와 안가노."

할머니는 괴롭고 자손들은 안타깝다. 어쩌면 할머니는 다시 새벽 눈을 뜨고 할아버지 아침밥상 차릴 일을 기다리는지 모른다.

아무리 그래도 할머니 아직 가시면 안 됩니다.

닭 한 마리

 점심으로 튀긴 닭 한 마리를 먹었다. 어떻게 배 속에 닭 한 마리가 들어갈 수 있을까. 닭의 몸과 시간과 영혼을 빼앗은 기분이다. 나는 오늘 무슨 일을 해야 닭의 죽음 값을 대신할 수 있을까.

---

*죽은 닭아, 미안하다. 너는 글로 남았다.

헌 혈

아들에게 연락이 왔다. 헌혈을 하려는데 부모의 동의가 필요하다고 한다. 나는 아들의 말이 끝나기도 전에 찬성한다고 말했다. 그의 행동이 의외스럽고 기특하다.

전화를 끊고 나의 기억은 과거를 더듬는다. 나도 헌혈에 관한 기억이 있다.

일요일 뜨거운 날이었다. 헌혈차를 보고 차량 앞문으로 향했다. 간호사는 나에게 몇 가지 질문을 하고 나의 혈색을 탐색했다. 간호사는 지금은 헌혈을 받지 않겠고 다음에 다시 방문해 달라고 했다. 나는 당시 나의 젊음에 방황하고 고민하고 있었다. 나는 더러운 피를 가지고 있었다. 나를 꿰뚫어본 간호사가 지금도 고맙다.

내 책상 서랍에 헌혈증이 열 장 정도 모였을 때다. 할머니가 내 방에 들어왔다. 나는 뿌듯하게 할머니에게 헌혈증을 보여드리며 으쓱했다. 그런데, 할머니 표정이 이상했다. 나를 보고 "이놈아, 이놈아" 하며 주먹 쥔 오른손을 고양이처럼 위아래로 흔들었다. 나를 때리고 싶지만 차마 손자를 어찌할 수 없는 표정이었다. 할머니는 몸을 돌려 방을 나갔다. 나는 할머니가 서운했다.

부엌으로 향한 할머니는 정화수를 떠두고 돌아가신 할아버지와 조상에게 두 손을 비비며 용서를 구했을 것이다. 농사하시던 할머니의 두 손이 비벼져 나는 소리를 나는 생각만으로도 들을 수 있었다.

나는 이제 헌혈을 하지 않는다. 언제부터인지 기억나지 않는다. 아들의 헌혈에 나는 고맙다. 그의 헌혈은 나의 잊힌 기억을 되살렸고, 더 이상 헌혈을 하지 않는 나의 변명이 되었다.

한 일(一)

    여름을 대구 외갓집에서 보내던 어린 시절이었다.
    1~2주를 외가에서 보내고 서울로 떠나는 날 아침 집 안이 조용했다. 할머니는 양말, 내의, 반찬을 챙겼고, 어머니는 할머니 옆에서 시중을 들었다. 딱히 할 일이 없는 나는 외출복을 입고 연못가에 쪼그리고 앉아서 작대기로 금붕어를 놀려주었다.
    이때, 할아버지의 호출이 있었다. 할아버지가 나더러 방으로 들어오라고 했다. 자리 잡고 앉아서 글씨를 써보라고 했다. 할아버지는 이미 먹을 충분히 갈아 놓았고, 먹물을 입힌 붓을 나에게 건넸다. 나는 부끄러워 그 자리에서 도망쳤다. 어머니가 나를 붙잡아 다시 앉혔다. 할아버지는 다시 말했다. 한 글자 써봐라. 나는 하얀 화산지에 감히 검은 붓을 긋기가 어려웠다.

할아버지가 다시 말했다.

"한 획만 그어봐라."

나는 한 일자를 세로로 긋고 붓을 내려놓았다. 할아버지가 말했다.

"그래 됐다. 잘했다. 이제 가거라."

나는 이 기억이 깊다. 내가 떠난 자리에 할아버지 혼자 내가 그린 획을 보며 어떤 생각을 했을까. 나는 그 일이 부끄럽고 죄송하다. 할아버지 방식의 소통을 이해하지 못했던 어리석었던 어린 시절이다.

가출

가출을 했다. 막상 갈 곳이 없었다. 나는 기차를 타고 대구에 갔다. 대구에서 저녁밥을 먹고 이튿날 서울로 올라왔다.

나를 본 할머니는 별 말없이 앉은뱅이 밥상에 열두 가지 반찬과 국을 올려 주셨고, 내가 밥 떠먹는 모습을 가만히 지켜보았다. 밥상을 물리고 둘이서 이불을 폈다. 나는 천장을 보고 바로 눕고, 할머니는 팔을 괴고 모로 누웠다. 불끈 방안에 백야처럼 희미한 빛이 남아있었다.

창밖에서 자동차 달리는 소리가 붕붕 났다.

이불에서 바삭하고 고소한 냄새가 났다.

가출은 꿈 같은 1박 2일 여행이 되었다.

아들에게

인생, 봄 여름 가을 겨울이다.
아버지의 할머니는 긴 겨울을 지내신다.
아버지는 낙엽 지는 가을에 있다.
너는 초봄이다. 꽃 피기 전 봄이다.

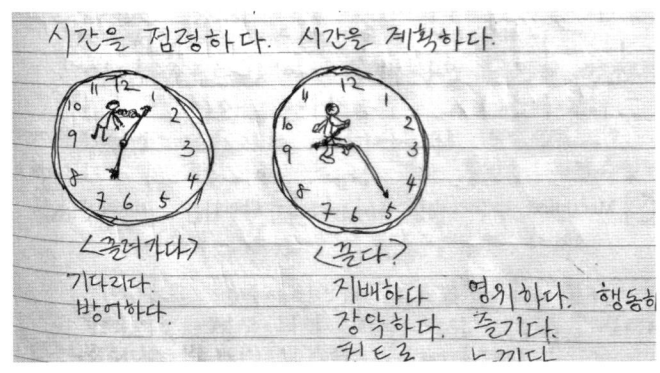

⟨Milonga - Jorge Cardoso⟩

내가 죽어 누워 있을 때

    소설 속 인물 중에 주월(Jewel)이 빛난다. 그에게는 사특한 욕심이 없고 자신의 운명과 삶의 짐을 묵묵히 받아들인다. 그는 생각만 하지 않고 행동한다. 불덩이가 등에 떨어져 불꽃이 피는 중에도 엄마의 관을 업고 나른다. 그에게도 북받치는 화가 치민다. 그럼에도 타인에게 분노하지 않았다. 대신 말을 타고 내닫는다. 질주한다.

⟨Planetarium Earth, Jupiter⟩

지구에서 인간이 만든 아름다운 음악이다. 지구에서 인간이 창작한 소설과 너무도 잘 어울린다. 소설을 읽는 동안 수도 없이 들었다.

사랑에 대해서

'사랑에 관한 이야기'라고 작가는 털어놓는다. 『작별하지 않는다』 출간 후기에 작가가 직접 남긴 말이다. 나는 이 책을 읽을 때 '고통'과 '공감'을 생각했다. 높이 선 사람들이 말하는 '사랑'이 무엇인지 나는 모르겠다. '복음'이라고 떠드는 기독교의 틀에 박혀 남발되는 단어라는 생각도 든다. 하지만 이제 나도 그들이 말하고, 쓰고, 남기는 '사랑'을 믿어보고 싶다. 그 세상을 들여다보고 혹시 허락이 된다면 한발 들여놓고 싶다.

희랍어 시간

 책을 읽을 때 나는 늘 음악을 듣는다. 한 앨범이 끝나면 바로 이어 다른 곡을 찾아 튼다.
 『희랍어 시간』을 읽으며 나는 무음 속에 있었음을 알아차린다. 한강의 글은 시와 음악처럼 조용히 빠져든다.
 옅게 지속되는 감각들. 시리다 사무치다 아리다 서글프다.
 슬픈 희망으로 소설은 끝난다.
 자신의 고통에 민감하지만 '인'의 고통은 이해하지 못하는 남자. 아버지 자살, 목공예사 첫사랑, 동성애 친구. 그는 알지 못한다. 눈을 뜨면 빛을 볼 수 있을까, 다른 어둠을 마주하게 될까. 그는 감았던 눈을 뜬다.

스토너

처음 접하는 작가(존 윌리암스)라서 책 구매 전에 검색을 많이 했다. 리뷰에는 슬픈 결말, 불쌍한 인생 등이 키워드였다. 나는 다르게 읽었다.

부지런한 농부의 아들이 우연한 기회에 대학에 가고 그 대학의 교수가 된다. 정년까지 학교에 머물면서 학생들의 존경을 받는다. 평생 동안 그가 유지한 학자의 신념과 의지는 중병으로 꺾인다. 그리고 그는 사망한다.

간단한 스토리가 400페이지에 펼쳐진다.

나는 비참한 인물의 삶은 다른 소설에서 많이 읽었다. 그래서 스토너의 삶에 연민을 느끼지 못했다.

마지막 챕터가 압권이다. 스토너의 죽음이 느리며 깊이 있게 서술된다. 작가는 스토너가 죽어가면서 보고 듣고 만지고 느끼는 감정을 끝까지 따라간다. 시점의 변화없이 마치 작가가 주인공과 함께 죽어가는 듯 서술한다.

스토너는 곁에 사랑하는 사람 없이 고독한 죽음을 맞는다. 하지만 그는 죽어가는 과정과 흐름에 마음을 내려놓는다. 그가 바라던 고통 없고 눈물 없는 죽음이다.

죽음의 공포는 아직 죽지 않을 만큼 건강할 때의 생각이다. 죽음이 문 밖에서 손을 흔들 때에는 섬망이 일어나고 공포와 고통이 없을 것이다. 공포는 고도의 상상력이 요구되는 사고다. 고통은 신경세포가 활동해야 한다.

죽음은 너를 그냥 데려가지 않는다. 너의 마지막을 위해 죽음도 너를 배려한다.

성역

포크너 소설을 일종의 '주의'로 몰아가는 해석에 나는 동의하지 않는다. 포크너의 인물은 물질주의, 낙관주의, 개인주의, 산업화, 도시화, 대량생산이 낳은 것이 아니다. 포크너 소설에는 어느 시대나 장소에 있기 마련인 '소위' 일그러진 사람들이다.

포크너의 주인공이 지역적이고 시대적이었다면 『이방인』의 메르소는 태어나지 못했을 것이다.

해가 죽던 날

옌렌커의 소설을 읽는다. 옌렌커는 피카소 그림같은 어린 마음으로 『해가 죽던 날』을 썼다. 나이든 작가의 문체는 보이지 않는다.

책을 읽으며 울프 와케니우스가 연주한 키스 자렛의 음악을 들었다. 울프 와케니우스는 피아노의 넓은 스케일을 작은 기타로 재현한다.

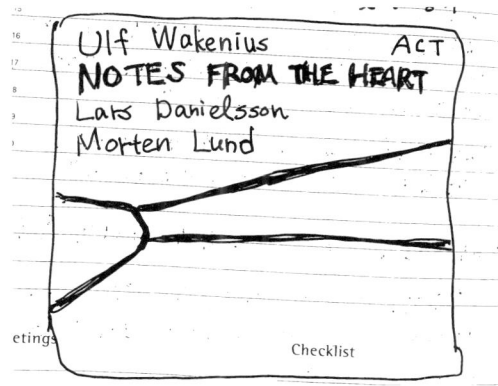

꽃 파는 처녀[*]

'애미 애비가 사망하였을 때 눈물 한방울 흘리지 않았던 군인이 이 영화를 보고 인사불성이 되도록 울어서 구급차에 실려 갔단다.'

작가 모옌은 군복무 시절 기억에서 이 영화를 떠올린다. 대약진과 대혁명을 경험한 중국인조차도 눈물을 흘리게 만든 영화.

줄거리는 별거 없다.
애비는 어릴 적 죽고, 애미는 지주에게 맞아 죽고, 오빠는 노역가서 고생하다 죽고, 순이는 지주에게 떠밀려 끓는 물에 데어 깜깜한 봉사가 된다.

---
[*]이 영화는 1972년에 북한에서 제작되었다.

언니를 기다리며 매일 '언니야, 언니야' 노래하는 순이.

지주 꾐에 산에 버려지는 순이. 혼자 남은 꽃분이.

죽지 않고 탈옥했던 오빠의 귀향과 회복.

(영화나 소설을 요약하면 별거 없다. 「죄와 벌」은 나폴레옹이라도 되는 줄 안 청년이 도끼로 노파를 죽이고 수용소에 갇혀 회개하고 사람되는 이야기일 뿐이다.)

이 영화는 여러 장르를 담고 있다. 뮤지컬, 로드무비, 가족, 향토, 예술, 항일, 혁명, 반전, 복수, 무당, 오컬트.

영화의 주제 역시 단순하다.

'혁명이 희망이다!'

퍼펙트 데이즈(Perfect Days)

단/복수 차이는 있지만 음악, 영화, 소설에서 같은 타이틀로 여러 작품이 많다. 거장의 이름이 없었으면 나는 이 영화를 지나쳤을 것이다. 빔 벤더스는 파리 텍사스, 베를린 천사의 시로 알려진 욕망의 날개(Wings of Desire)를 만들었다.

"지금은 지금이고 다음은 다음이지."
주인공은 마음속의 스노우볼이 흔들리지 않도록 담담하게 사람들과 소통한다. 사람들을 풍경으로 바라보고, 빛의 변화를 즐길 줄 안다. 반복되는 시야에도 섬세한 변화를 발견할 줄 안다. 그때마다 그의 눈과 입이 엷어진다. 변화는 바흐의 변주곡처럼 화려하지 않다. 세상에 참여하고 애정을 가진 사람만이 발견할 수 있는 작은 변화다.

어떤 일을 하는지 중요하지 않다. 내가 세상에 참여하고 있다는 감각이 중요하다. 근면은 외로움을 이긴다.(영화에서는 매일 샌드위치를 먹는 다른 직장인으로 보이는 여성이 나온다. 서로 말을 걸지 않지만 같은 기분임을 서로 알아본다.)

그도 외롭다. 그는 떠나는 사람들에 슬프게 운다. 그리고 다음 날에는 다시 차를 몰고 일터로 간다. 지금은 지금이기 때문이다. 나를 슬프게 하는 것은 그에게 (나에게) 늘 지금만 있고 다음은 없다는 불안함이다.

눈물 나는 영화

나는 눈물이 많은가. 눈물은 주로 혼자 또는 몰래 흘리는 법이니 남의 사정은 알 수 없고 비교할 수 없다. 다들 비슷하지 않나, 정도로 생각한다.

누구에게 맞거나 억울한 경우도 아닌데 눈물을 흘린 첫 기억은 「죽은 시인의 사회」를 관람한 날이다. 영화 마지막 10분, 방정맞은 학생들이 구둣발로 책상 위로 또각또각 올라갈 때 나는 눈물이 났다. 눈물은 얼굴에 줄줄 흐르고 나는 더는 참을 수가 없어서 가슴을 쥐고 '책상에 그만 올라가. 제발 멈춰.'라고 속으로 부르짖었다.

다음 눈물 경험도 영화다. 달리기 2등해서 여동생에게 선물할 운동화를 부상으로 받아야 하는데 정신없이 1등을 하는 바람에 계획이 틀어지는 영화 「천국의 아이들」. 사내아이가 기념

사진 카메라 앞에서 울먹일 때 나도 울고 말았다. 나는 너무 울어서 영화가 끝나고 불이 켜지고 주변사람들 다 나갈 때까지 자리에 웅크리고 있었다.

또 하나, 점지 받은 아이와 노승이 여행길에 오르고 목적지에서 헤어지는 영화다. 「다시 태어나도 우리」. 다큐멘터리 마지막에 아이가 노승과의 이별이 고통스러워 말로 표현조차 못하고 눈밭에 자지러진다. 이 영화의 감동은 대단했다. 영화를 본 후, 식당에서 순댓국을 사먹는 동안에도 나는 눈물이 계속 흘러내렸다. 누가 보면 순댓국 좋아하시던 부모님이 돌아가셨나 했을 것이다.*

---

*다른 장르이긴 하지만 「응답하라 1988」도 꼽는다. 덕성이는 서글프고, 동일 아버지는 늘 미안하고, 미란 아주머니는 여기저기 오지랖 떠는 가족 성장드라마.

키스 자렛

한때 키스 자렛(Keith Jarrett) 음악을 많이 들었다. 처음 접한 'God bless the child'는 충격이었다. 그 긴 곡을 테이프로 듣고 돌려서 다시 듣곤 했다. 그러다가 언제부턴가 그의 음악을 듣지 않았다. 그의 피아노 톤이 너무 건조하고 딱딱했다. 누가 물어보면 이렇게 대답했을 것이다.

"음. 그가 내는 사운드는 투박해. 그가 연주한 바흐 음악 들어봐. 벽돌을 두들기는 소리야."

누가 물어보지 않았고 나의 무지가 드러나지 않았다.

그의 사망 소식을 들었다. 몇 년 전이었는데 나는 그때도 그의 음악 몇 곡을 듣고는 잊었다. 요즘 다시 그의 음악을 듣는다. 라인은 아름답고, 모든 음이 선명하다.

그가 사망한 후 여러 뮤지션들이 그의 음악을 다른 악기로 다시 살린다. 악기나 톤이 달라져도 아름다움과 순수함이 전해진다.*

⟨Innocent by Keith Jarrett⟩

---

*키스 자렛(Keith Jarrett)은 스튜디오 앨범보다 라이브 음반이 더 좋다. 이제 그는 죽어 더 이상 라이브는 없다.

희생

  안드레이 타르코프스키의 영화 「희생」은 의식행위를 여러 가지 관점으로 보여준다. 의식은 행위자가 원하는 대로 절차를 구성하면 된다. 단, 그 행위는 반복되어야 한다. 반복의 기간은 실현될 때 까지다. 즉, 형식은 마음대로지만 기한은 죽음의 순간이 될 수도 있다. 영화에서는 이런 예를 든다. 아침에 양치컵에 물을 받아서 변기에 버린다. 매일 같은 시간에 반복하는 행위는 소망을 이루게 한다. 나는 한국 기독교를 믿지 않는다. 심지어 증오한다. 하지만 그들의 고집스러운 매주의 행사는 일종의 의식이다. 하지만 그 의식은 집단적이고, 소망은 흐트러져 세속적이다.

  다시 영화로 돌아가서 결론을 말하자.

모래에 심은 죽은 나무에 매일 같은 시간에 물을 준다. 소망은 양동이에 물을 이고 가는 노동에 담긴다. 그러면 죽은 가지가 살아난다.

영화 제목은 희생이다. 의식에는 희생이 따른다. 희생과 의식은 죽은 나무 가지에 싹을 틔운다.

나는 매일 일기, 글, 낙서, 농담을 기록한다. 지금 이 행위는 일종의 의식이 되었다. 하지만 나의 소망은 흩어지고 어지럽다.

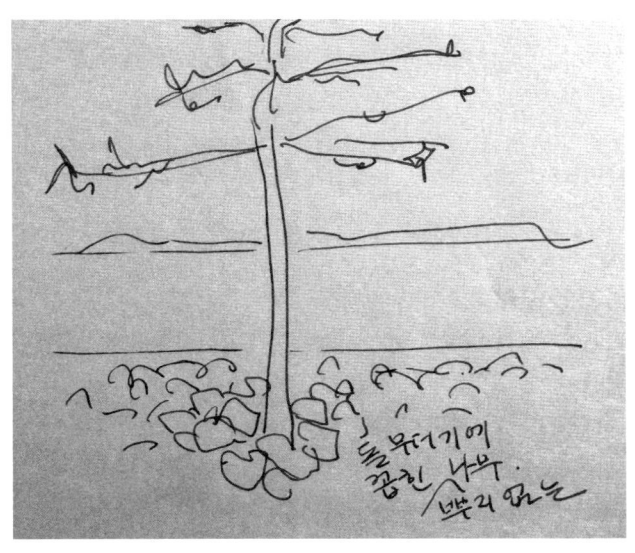

고향(Home)

영어로 홈, 한국말로 '집' 번역이 제대로 된 것이 맞나? 아무래도 어색하다. 홈은 왠지 무형명사 같은데 집은 너무 구체적이다. 차라리 '고향'이나 '품'으로 바꿀 때 더 잘 어울린다. '홈 스위트 홈(Home, sweet home)'은 '즐거운 나의 집'보다는 '마음의 고향'이 맞는 것 같다.

앤드류 요크(Andrew York)의 음악 'Home'을 들으며.

강렬한 샤콘느[*]

드미트리 쉬스킨 연주
그동안 들었던 가장 강렬하고 열정적인 샤콘느
클래식 음악의 묘미는 낡은 것에서 발견하는 새로움
피아노가 터질듯한 연주.

음악을 듣는 것은 수동적 행위가 아니다. 시작부터 끝까지 선율을 따라가면 호흡이 멎고 숨이 막힌다.

---

[*] 엘렌 그리모(Helene Grimaud)의 연주도 같이 들어보면 좋다.

코드가 맞다

 둘이 잘 어울릴 때 코드가 맞다고 한다. 이 표현은 주로 긍정문에서 사용된다. "우리 둘은 코드가 참 잘 맞아."라고 쓴다.
 '코드가 맞다'라는 말은 처음 들어도 뜻이 이해가 가며 즉각적이다. 게다가 발음을 하면 시각적, 청각적으로 다채로운 느낌마저 든다.
 '코드가 잘 맞기'는 쉽지 않다. 사람들은 음악처럼 오선지에 묶여 있는 12개 음이 아니기 때문이다. 게다가 수없이 다양한 음들은 절대음이 아니고 상대음이라서 함께 공명해봐야 코드가 맞는지 알 수 있다.(울려보지 않고도 알 수 있는 불협음은 예외로 하자.)
 비슷한 표현으로 '케미가 좋다'가 있다.
 나는 이 표현은 사용하지 않는다. 어감이 좋지 않을뿐더러 화학적 결합은 너무 강렬해서 각자의 본래 성질을 잃게 한다.

말하지 않기

　한 달 동안 글을 쓰지 않을 수 있다. 이것은 쉽다. 한 달 동안 말을 하지 않기는 어렵다. 나는 말을 하지 않고도 싶다. 시인은 몇 달 동안 말을 하지 않고 드디어 입을 열 때 하고 싶은 말을 시로 남기는 것일까.

＊영화 '플로리다 프로젝트'를 보고 썼다.

닿다/대다

'닿다'와 '대다'는 비슷한 말이다. 대다는 시간에 사용할 수 있기 때문에 사전적으로는 대다가 닿다를 포함한다. '차 대고 있어.'는 말이 돼도 '차 닿고 있어'는 말이 안 된다.

하지만 '닿다'만 표현하는 감정이 있다. 나에게 닿다와 대다의 감정 차이가 크다.

'나는 최근 그녀에게 닿지 못한다.'는 기분이다.

'나는 그녀에게 대지만 그녀에게 닿지 못한다.'

들이대 봤자 닿지 못하면 헛수고다. 나만의 개인적인 표현이므로 사용하면 오해를 받을 것이다.

나의 팬

누가 나의 글을 읽을까.
나의 글은 초라해서 나를 사랑하고 이해하는 사람만 읽는다.
어머니는 나의 열렬한 팬이다.
어머니 떠나시면 누가 나의 글을 읽어 줄까.

2024년 12월 31일

　마지막 밤, 저녁으로 마파두부를 먹는다.(내가 마파두부를 좋아함이 증명된 날이 되었다.) 와인은 빠지지 않았다. 2018년 땜쁘라뇨.

　마지막 날 읽는 책으로 성석제의 소설은 좋은 선택이었다. 평범한 인간을 평범하게 묘사해서 위대한 인물로 만든다. 콜롬비아에 마르케스가 있고, 중국에 위화가 있고, 한국에 성석제가 있다.

　다른 때와 달리 올겨울에는 기타를 많이 쳤다. 실력은 예전만 못하지만 표현하고 싶은 것이 많아졌다. 앤드류 요크(Andrew York) 곡을 연습하면 들려주고 싶은 사람의 표정이 상상된다.

　하루 남은 마지막 시간은 역시나 베토벤 심포니 9번이 채운다. 쇼팽의 음악은 이 순간을 채우기에 부족하다. 그의 음악은 사랑이다. 에로틱 사랑이다. 바흐의 음악은 너무 무겁다. 그의 음악 역시 사랑이지만 신의 사랑이다. 베토벤은 인간의 음악을 지었다. 인간의 위대함.

장편소설 같은 심포니 9번을 마무리 했을 때 그의 몸은 감전이 되었겠다.

부음

새벽에 핸드폰이 울렸다. 밝아진 핸드폰 화면에 '엄마'라고 써있었다. 나는 잠결에도 직감했다. 어머니 말씀은 기억나지 않는다. 나는 "알았어 알았어 지금 갈게."라고 답했다.

어두운 새벽에 운전을 하면서 머리에 떠오르는 친지들에게 전화했다. 전화벨이 울리는 동안 눈물을 꾹 참고 기다렸다. 상대가 "여보세요." 응답하면 나는 "우리 아빠 죽었다."고 전하며 울음을 터뜨렸다.

"우리 아빠 죽었다."는 격이 떨어지는 부고다. 하지만 내가 예의를 갖춘 문장을 준비했다 한들 당시 감정으로 그렇게 말하지 못했을 것이다.*

---

*나의 어머니는 이 글을 싫어했다. "아빠 죽었다." 대신 쓸 말을 가지고 둘이 싸웠다. 내가 이겼다. 아들은 늘 이긴다.

비 내린 거리

슬픔과 쓸쓸함을 책상에 두고 거리로 나온다.
비가 걷혀 엷게 젖은 길을 걷는 것만으로도 상쾌하다.
사람들 표정과 걸음걸이를 바라보는 것만으로 즐겁다.

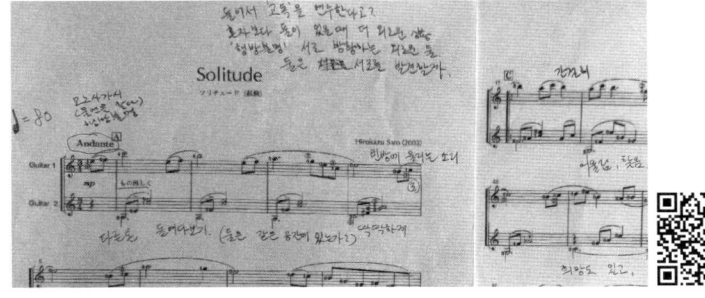

⟨Solitude – Hirokazu Sato⟩

필름 같은 마음

　시간이 조금 지나고 나는 나의 문장을 수정했다.
　'사람은 죽어 기억을 남긴다.'
　사람들은 서로 상처를 준다. '아주 희미한 빛으로도' 상처를 받는다. 현상하지 않은 필름이 빛에 노출되어 색을 잃듯, 사람의 마음은 말에 상처를 입는다.

쌍커풀 수술

 나는 성형수술에 찬성하지 않는다. 그렇다고 반대하지도 않는다. 성형과 정형의 경계도 모호하다. '태어난 모습 그대로 감사한 마음으로, 외모보다는 마음이 아름다운 사람이 되라', 따위의 말을 하는 사람이 있다. 이것은 헛소리다. '너나 그렇게 살아라.'고 나는 대꾸하겠다.
 딸이 쌍커풀 수술을 결심했고 드디어 그것을 실행하려 한다. 성형은 미운 부분을 예쁘게 고치는 것 아닌가. 그런데 딸은 개성 있는 눈을 흔한 눈으로 바꾸려고 한다. 나는 딸을 말리지 못하고 속으로 서운하다.*

---

* 친구가 나의 기타 연주를 듣고 말했다. '완전한 불완전(Perfect Imperfection)'. 이 말은 나에게 큰 위로와 칭찬이었다. 나는 이 말을 딸에게 전하고 싶다. '생긴 대로 살아라'로 받아들이면 곤란하다. 개성과 고유함이 아름답다.

바게트

프랑스에서 바게트 가격은 1.2유로다. 3유로 내면 바게트 3개를 주는 가게도 있다. 이 가게는 사람들이 줄을 선다.

바게트는 빵집 벽에 세로로 진열되어 있는데 3~4블록으로 나뉜다. 서로 다르게 보이지만 나는 그 구분을 모른다. 물어볼 엄두도 못 낸다. 다른 밀가루를 사용했겠지 짐작만 한다.

아침에 사서 먹는 바게트는 속살이 부드럽고 겉은 바삭하다. 그렇다고 껍질이 입천장에 상처를 내지 않는다.

구운 지 12시간이 지난 바게트는 딱딱하다. 이럴 때는 치즈와 버터를 곁들이면 부드러운 맛을 살릴 수 있다.

프랑스 마을에 빵집이 즐비하다. 모두 바게트를 만들어 판다. 맛과 질감이 빵집마다 다 다르다. 많은 가게 중에서 빵집이 문을 제일 먼저 열고, 가장 늦게 닫는다.

노래는 슬프다

나는 가곡, 성악, 오페라를 들으면 슬프다. AM라디오에서 흘러나오는 음질이 조악한 노래면 더욱 그렇다. 내가 다섯 살 때 우리 집이 이사를 했는데 이사 갈 집이 지어지기 전이라서 잠시 셋방에서 다섯 식구가 살았다. 좁은 방에 TV는 없고 라디오만 있었다. 라디오에서는 가곡이 흘렀다. 벌에 쏘인 기억, 큰 주사기로 나를 겁주던 집주인, 온 식구가 외출했다가 어두워져 들어가던 깜깜한 방, 화장대의 하얀 뜨개 덮개, 엄마의 고개 숙인 어두운 표정, 언덕진 골목. 나는 이런 기억들이 슬프다.

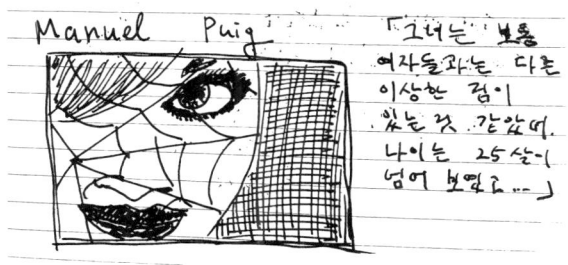

〈거미여인의 키스〉

추락한 천사(Fallen Angel)

 민석이 태어났을 때, 아니다. 아직 아들에게 이름이 없었으니 잘못 말했다. 다시 쓴다.
 아이가 태어났을 때, 나는 눈물을 흘렸다. 기쁨이나 슬픔이 아닌 감동의 뜨거운 눈물이었다. 천사가 출현한 것 같았고, 까만 두 눈이 나의 시선과 만나면 이게 내 아들이 맞구나 싶었다.
 출생신고는 구청에 방문하여 한달 내에 해야 한다. 대한민국 법이 그렇고, 이를 어길 시 벌금을 물게 된다. 출생신고 전에 아이의 이름을 지었다. 이름이 있어야 출생신고가 가능하다.
 아이의 이름을 '민석'으로 정했다. 나는 출생신고를 하러 강남구청에 갔다. 서류의 출생아 이름 칸에 '강민석'이라고 썼다. 그 순간 마음이 허전해지고 몸에 힘이 빠졌다. 생명에 이름을 붙이는 순간, 천사가 사람으로 타락하고 격이 낮아졌다.

어쩌랴, 생명이 세상에 천사로 살 수 없다. 나는 '민석'이라 불리는 사람과 인연을 맺었다. 그에게 나와 세상을 어떻게 소개해야 할까.

가정 식당

 아주머니가 주인이다. 식당 사람들은 그녀를 누나 또는 이모라고 부른다. 나는 아주머니라고 부른다.
 이 식당의 기본 반찬은 여섯 가지다. 주문한 요리와 밥과 국을 더하면 밥상에 놓인 그릇만 아홉 개다. 반찬이 정성스럽고 맛있어서 나는 남기지 않고 다 먹는다.
 어느 날부터 밥을 다 먹고 나면 숨쉬기 어려울 정도로 배가 불렀다. 혼밥하는 옆 테이블을 보니 반찬 양이 내가 먹은 절반이다. 또 그 옆의 두 명자리 식탁에 놓인 반찬도 내가 먹은 양보다 적다.
 식당 아주머니가 나를 보면 말과 표정으로 반기는 줄은 알았는데 그동안 반찬 양이 이렇게 많아진 줄은 몰랐다. 이렇게 계속 먹을 수는 없으니 몇 가지 조치를 생각해봤다. 남기거나,

말하거나, 싸갈 수 있다. 하지만 나는 이 중 하나도 실행할 자신이 없다. 나는 연기를 못하고, 말재간이 없고, 민첩하지 못하다.

  음식 간을 잘 맞추는 것만이 손맛이 아니다. 음식을 그릇에 착착 담아내는 속도와 맵시도 손맛이다. 꼬막무침, 계란말이, 햄부침이 오른 밥상에서 아주머니 마음이 담긴 손맛이 보인다.

  내가 우물쭈물하는 동안 아주머니는 밥먹는 나의 등을 지나며 말을 던진다.

  "어떻게, 더 줄까?"

루앙 성당

프랑스 루앙에는 유명한 성당 두 채가 나란히 있다. 하나는 소위 대성당이다. 꼭대기가 무척 높아서 목을 90도로 꺾어야 성당 전체가 보인다. 오래전 이 건물을 올리기 위해서 얼마나 많은 사람들이 다치고 죽었을까. 한편, 가까이 위치한 잔다르크 성당 지붕은 낮게 나무로 이었다. 예수가 낮은 자리에 우리와 가까이 있다는 감동을 준다.

⟨Fantasie - S. L. Weiss⟩

강민석
- 孫

읽기보다 쓰기에 취미를 둔 나는
버티기 버거운 감정이나 쏟아지는 생각을 글에 담았다.
위로 받고 싶을 때, 기억되고 싶을 때
글을 쓰며 나를 위로하고, 기억한다

파랑의 위로

위로가 필요한 검정이 파랑에게 말했다
"넓고 높은 하늘은 너잖아
그런데 좁은 구석은, 빛 저편에 그림자는 모두 나야
나도 모두가 우러러보는 하늘이 되고 싶어."

파랑은 검정에게 말했다
"조금만 기다려봐
떠있는 해가 지고 별이 하나 둘 켜지는 밤이 오면
너도 하늘이 될 거야."

외로움에 대처하는 방법

선인장은 외롭다.
그래서 사람들이 물을 주지 않아도 혼자 굳세게 자란다.
해바라기도 외롭다.
그래서 해를 바라보며 사랑을 갈구한다.
장미, 외롭다.
그래서 자신을 보호하려고 가시를 돋아냈다.
그도 외롭다.
혼자 이겨낼 힘도, 사랑을 갈구할 대상도 없다.
각자 외로움을 이겨내는 방법이 있는데 그가 택한 방법은
외로움에 익숙해져 그를 속이는 것이다.

아버지의 아버지가 아버지에게

너가 태어난 날*
너가 세상의 공기를 처음 마셨을 때
나는 환희에 가득 찬 미소와 함께
뜨거운 눈물을 흘렸다
나의 눈물이 너의 볼에 떨어져
피부 사이로 스며들 때
아, 나의 아들이구나 깨달았다
그 감정 그대로 너를 대하려 노력했다
하지만 마음 같지 않더구나
보여주지 않아도 될, 보여주고 싶지 않던
그런 모습들로 너의 아픔이 커져가는 것을 느꼈을 때

---

*할아버지 입장에서 아빠한테 쓴 생일 편지

내 심장은 난도질을 당했다
고마움보다 미안함이 크다는 것은 노력의 크기와 별개로
좋은 아버지가 아니었던 것을 말해주는 것 같다
처음이라는 이유로 나의 실수들을
변명하고 싶진 않지만
납득이 필요하다면 나도 처음이었던 걸
너가 알아줬으면 한다
생일 축하한다

나무 일기

목재 식탁의 무늬를 가만히 바라본다.
나무는 기둥이 잘려야 나이테를 보인다.
죽어서야 자신이 얼마나 많은 계절을 견뎌왔는지 알릴 수 있다.
나무가 새긴 봄의 따뜻함과 겨울의 외로움이 식탁의 무늬가 됐다.
나무가 매년 남긴 일기의 의미를 아무도 알아 봐주지 않는다.

졸업

　초등학교를 배정받고 추운 겨울, 아빠와 함께 학교를 미리 방문해봤던, 어리고 약한 나에게 철봉에서 턱걸이를 할 수 있냐던 아빠의 질문이 아직도 기억에 남아있다.
　학교는 날이 갈수록 작아졌고 어느덧 중학교, 고등학교에 진학했다. 이제 같은 의자, 같은 책상에 모여 앉아 흰 분필로 녹색 칠판을 가득 채우던 선생님의 뒷모습을 볼 수 없다. 하지만 글자들을 바라보던 나의 눈빛, 친구의 눈빛은 영원히 잊지 못할 것이다. 학창시절의 설렘과 기대, 낙담과 좌절, 환희와 기쁨, 우울과 슬픔은 이제 졸업사진 속에 가두고 꺼내고 싶을 때 꺼내 보게 될 것이다. 사진이 바래질수록 그 감정은 점점 죽어가겠다.
　사랑했다는 소중한 아림은 그때의 내가 살아있다는 것을 보중해 주었다. 후년의 사랑은 당시의 느낌을 담아내긴 힘들 것이다. 오직 한 사람을 위해 늦은 새벽 뛰어다녔던, 이른 새벽 눈을 떴던 나의 그 낯간지러운 결정에 담긴 진심을 그 무렵 들었던 노래에 가두어 꺼내고 싶을 때 꺼내어 부를 것이다. 노래 가사가 잊힐수록 그 감성은 점점 얇아지겠지.

  아직 내일의 아픔에 대비하여 오늘을 보내는 법을 모르는 내가 험한 사회에 내던져지기에는 한참 모자라다. 그래도 믿어주는 사람들을 위해 한 발짝만 더 내딛어 보기로 한다. 그런 자세를 바라기에 졸업을 축하하는 것 아닐까.

5일차 점심시간

언제 끝날지 몰라 느끼는 불안감보다
언제 끝이 나는지 알기에 느껴지는
불안감이 더 클 때도 있는 것 같다

하루가 빨리 갔으면 하는 마음과
결전의 날이 오지 않았으면 하는 마음이
공존하는 아이러니
그날을 위해 유배 생활을 택했고
숨통을 틀 수 있는 좁은 틈은
운동과 음악감상뿐

그러나

좋은 점 하나
슴슴한 간과 정성스런 반찬이 놓인
매일 먹는 아침에서
집밥의 따뜻함이 느껴진다

좋은 점 둘
규칙적인 생활과 반복된 습관이
더 나은 나를 만들어준다
이 생활을 지속하면
결여돼있던 나에 대한 자신감과
만족감이 충족된 거란 약한 확신이 든다

좋은 점 셋
선생님들이 좋다
담당하는 과목에 대해 배우는 것도 많지만
전반적인 학습법 상담도 받는다

부족한 건 채우고
어려운 걸 고민하는 데에서

즐거움을 느끼자
알아냈을 때의 희열을 맘껏 누리고
흔들려도 무너지지 않을 뼈대를 만들자
그래야 버틴다

동생이 제일 보고싶다

후기

어머니께서 팔십 년을 사셨다. 그리고 팔십 번째 생일을 맞는다. 어머니는 어머니 선물을 스스로 준비한다. 말하자면 당신께서 드실 밥상을 직접 차리는 것이다.

어머니는 밥상에 반찬이 더 필요하다고 말씀하셨다. 나는 무책임하게 승낙을 했다. 큰일 났다. 나의 일기가 세상이 공개될 판이다.

내 글을 내가 다시 읽어보는 것도 민망하고 그중에 몇 개를 고르기도 힘들다. 이렇게 나의 반찬을 어머니 밥상에 올리게 되었다. 2024년과 2025년에 쓴 일기 중에 모았다. 그리고 나의 아들이 보탰다.

강신규